ファンダメンタル英語学
|改訂版|

Fundamentals of English Linguistics

中島平三
Heizo Nakajima

ひつじ書房

改訂版はしがき

　本書の初版が1995年に出版されてから、16年が経過する。初版刊行の趣意は、「英語学研究のエッセンスを、なるべく時流に流されない形で、しかもコンパクトに提供する」というものであった。幸い、学生諸君を中心に多くの人に読み継がれ、ほぼ毎年増刷りを重ねて一昨年で13刷を数えることになった。

　英語学や言語学の研究の進展は日進月歩であり、この間に、言語現象やその規則性に関して幾多の新しい分析方法が提案され、また研究の枠組みとしても様々な新しい理論や学派が台頭してきた。今回改訂するに当たり、そうした新しい流れを汲み入れたいという誘惑がなかったわけではないが、「なるべく時流に流されない形で、しかもコンパクトに」という初版刊行時の趣旨に沿うことにした。先端的な研究によって得られた専門的知見が、必ずしも英語学の初歩の教材として適しているとは限らない。むしろ、初版を刊行する際に、「英語学研究の基礎となる基礎知識や、思考法、研究方法」を培うのに有益であろうと思われる題材を選択したつもりである。そうした題材をなるべくそのままにしておくことにした。

　とは言っても、初版で取り上げた題材についても、その後の研究で、英語学の初歩を教える上で有益と思われる考え方や分析法が提案されてきた。それらについては積極的に組み入れることにした。また増刷りの際の誤植・誤謬の訂正が十分でなかったり、説明の仕方に丁寧さが欠ける部分があったりすることに気付いた。そうした点を、かなりの箇所に亘って修正をした。第1章の英語学研究の目的と、第7章のその意義については、今日的観点から全面的に書き直した。また各章末に、それぞれの章の要点を比較的大きな視点からまとめて、新たに付け加えた。

　改訂版が、初版同様に、英語学への導入のテキストとして広範に利用さ

れ、より多くの人に英語学研究のおもしろさを伝えられれば、この上ない幸いである。改訂の作業に当たり、北海道教育大学・野村忠央先生から有益な助言や示唆を戴いた。記して深く謝意を表す。また、本書を大切にし、改訂版の刊行を勧めて下さったひつじ書房の松本功社長、円滑な改訂作業を進めて下さった海老澤絵莉さんにも、厚く御礼を申し上げる。

 2011 年 8 月

中島　平三

初版はしがき

　ほとんどの大学の英文科で、「英語学概論」という授業が開講されている。英語学の全体像や、研究領域の概要、研究課題などが論じられる授業である。英語学への動機付けを与え、その後に学ぶ英語学の演習や特論などの基礎を築く上で大切な役割を担っている。

　ところが、英語学概論で何を教えたらよいかということになるとなかなか難しい。英語学、言語学の研究はここ数十年の間に飛躍的に進展し、それに伴って守備範囲が大きく広がり、内容も高度に専門化、細分化している。欧米で出版されている言語学の入門書には、専門化した言語研究の現状をなるべく平明に紹介することに主眼を置いているものが多いが、こうした入門書は必ずしも、言語研究への動機を与え基盤を築くという英語学概論に課せられている要求を満たしてくれるものとは言えない。また言語学の守備範囲の拡大に伴い、1年間ではとても終わりそうにない大部のものが多い。

　本書は、英語学研究の基盤となる基礎知識や、思考法、研究方法など英語学研究のエッセンスを、なるべく時流に流されない形で、しかもコンパクトに提供しようとするものである。英語学の中核をなす統語論、形態論、音韻論、意味論の基礎を日本語で平明、簡潔かつ丁寧に提示しようと努めている。初心者には、最初から英語の原書で入るよりも、まず日本語で書かれた教科書で初歩を学び理解を確実にする方が、基礎を固める上でより効果的であろうと思われる。

　本書の各章は、それぞれの研究領域における成果の寄せ集めではなく、基本的に生成理論の枠組みで統一し、目標も内容の水準もほぼ同じ程度なものになるよう調整している。枠組みとなっている生成理論は、言語研究のさまざまな領域に広く深く浸透しており、その目標設定や分析方法などは他の流派や分野にも大きな影響を与えている。また言語研究の基礎を訓練・教育す

る上でも、優れたアプローチであると言える。言語学の単なる一流派ではなく、言語学界におけるいわば「標準理論」といえよう。

　生成理論には、だが、入門書の枠組みにする上で一つの難点がある。それは、同理論が究極的な目標に向かって頻繁に理論変遷を繰り返しているということである。理論の推移を追っていると、去年までは up-to-date であったものが今年には out-of-date であるという事態が起こり兼ねない。そこで本書では、理論の変遷を追いかけることを極力避け、これまでの成果の積み重ねを十分に咀嚼して標準的な内容になるようにしている。したがって、枠組みは一応生成理論であるが、全体としては英語学の標準的な入門書となるように努めたつもりである。

　なお、授業を担当される方にひとことつけ加えれば、多くの大学で授業体制が半期制に移行してきている中で、本書は、半期制にも対応できるように分量をコンパクトにまとめてある。だがどの章でも多くの練習問題を用意しており、通年制にも十分耐えられるだけの内容を含んでいる。授業の進み具合を見て、途中でテキストの内容と関連した論文を課題として指示したり、一通り終わった所で担当者の専門とする領域を披瀝するのもよいのではないだろうか。分量がコンパクトなので、授業の進め方を柔軟に工夫することができる。

　本書の内容は言うまでもなく、過去の多くの研究・著作に負っている。本来ならばそれらの一つ一つに言及し敬意を表すべきであるが、その数は余りにも多量に及び割愛せざるを得ない。本書の執筆の基盤を与えてくれた過去のすぐれた研究に対して、ここにまとめて心より謝意を表したい。不適切な点や誤りについては大方の読者諸賢のご叱責を仰ぎたい。本書がいくばくなりとも、初めて英語学に接する学生諸君に英語学への興味を喚起できれば、著者としてこの上ない幸せである。

　　1995年8月

　　　　　　　　　　　　　　　　　　　　　　　　中島　平三

目次

改訂版はしがき　　　　　　　　　　　　　　　　　　　iii
初版はしがき　　　　　　　　　　　　　　　　　　　　v

第1章　英語学とは　　　　　　　　　　　　　　　　1
　　□ことばの研究と「理論」　□ことばを科学的に捉える　□ことばの単位
　　□英語学の諸領域　□英語学の研究法　□本書の構成

第2章　統語論（1）―文の組み立て―　　　　　　9
　2.1　文の構造　　　　　　　　　　　　　　　　　　9
　　　□構成素　□構造とは
　2.2　句の構造　　　　　　　　　　　　　　　　　　13
　2.3　X バー理論　　　　　　　　　　　　　　　　　16
　　　□句の間の類似性　□動詞句内主語仮説　□補部と付加部
　　　□X とバー
　2.4　節の構造　　　　　　　　　　　　　　　　　　27
　　　□助動詞の扱い　□従属節の扱い
　2.5　複文の構造　　　　　　　　　　　　　　　　　32

第3章　統語論（2）―文法の操作―　　　　　　35
　3.1　抽象的な構造　　　　　　　　　　　　　　　　35
　　　□文と文の間の近縁関係　□D 構造と S 構造

3.2　文法操作の性質　　　　　　　　　　　　　　　　　39
　　□構造依存　　□繰り上げ
3.3　島の制約　　　　　　　　　　　　　　　　　　　49
　　□WH移動　　□話題化　　□島とXバー
3.4　助動詞の振る舞い　　　　　　　　　　　　　　　55
　　□3種類の助動詞　　□助動詞らしい振る舞い　　□迂言的助動詞の源
　　□相助動詞の二面性

第4章　形態論　　　　　　　　　　　　　　　　　　65

4.1　語の構成要素　　　　　　　　　　　　　　　　　65
　　□形態素　　□接辞
4.2　派生　　　　　　　　　　　　　　　　　　　　　69
　　□語の構造　　□派生の条件
4.3　複合　　　　　　　　　　　　　　　　　　　　　76
　　□複合語と句　　□複合語の主要部　　□派生語の主要部
　　□動詞由来複合語

第5章　音韻論　　　　　　　　　　　　　　　　　　87

5.1　英語の音　　　　　　　　　　　　　　　　　　　87
　　□発声器官　　□子音の特徴付け　　□調音法　　□調音点
　　□有声・無声　　□音の類似　　□母音の特徴付け
5.2　音素　　　　　　　　　　　　　　　　　　　　　95
　　□音と音素　　□音素の決め方　　□異音の予測可能性
5.3　同化と異化　　　　　　　　　　　　　　　　　　97
　　□調音点の同化　　□調音法の同化　　□異化　　□複数名詞の発音
　　□3単現の発音　　□過去形の発音

5.4 語の強勢 104
　□音節　□音節の軽重　□2音節動詞の強勢配置
　□2音節名詞の強勢配置　□3音節以上の語の強勢配置

第6章　意味論　119

6.1 意味の成分分析 119
　□意味成分　□意味関係　□選択制限
6.2 動詞の成分分析 122
　□概念範疇　□意味成分の組み合わせ
6.3 意味役割 127
　□意味役割の種類　□意味役割と意味成分　□意味役割と統語現象
6.4 照応形の解釈 134
　□再帰代名詞の解釈　□代名詞の解釈　□再帰代名詞と意味役割

第7章　文法研究と心の研究　141

　□規則性の意義　□認知科学としての文法研究

INDEX　145

第 1 章　英語学とは

✄ ことばの研究と「理論」

　私たちは、日常生活の中で、さまざまな現象に取り囲まれ、さまざまな現象に遭遇している。気象や季節の変化、生命の誕生や成長、天体の動きや星の輝き、交通渋滞や交通事故…。こうした現象は、一見すると混沌としていて無秩序のように見えるが、その背後には整然とした規則性や、時として美しいとも思われる秩序が潜んでいる。私たちが普段何気なく話したり聞いたりすることばも、形式の点でも内容の点でも多種多様であり、一見すると無秩序のように見えるが、その背後には整然とした規則性が潜んでいる。

　気象学や、生物学、物理学などを研究する人は、自然現象の背後に内在する規則性を見つけようとする際に、ある一定の視点から現象を観察し、さらに、それらを一定の枠組みで記述し、「原理的に」説明しようとする。少し堅苦しい言い方をすれば、観察や、記述、説明のための「理論」が必要である。ことばの規則性を見つけ出し、それを記述、説明するのにも、何らかの理論が必要である。

　本書では、英語という言語を対象にして、生成文法(Generative Grammar)という理論的枠組みで、英語の現象の背後にある規則性を見つけ出し、それを一貫した方法で記述し、なるべく納得のいくような「原理立った」方法で説明するための基礎を学んでいく。生成文法理論は、今日ではいわば言語研究の「標準的な」理論であり、広く受け入れられている。異なる立場で研究を行う場合でも、まず生成文法における成果や現状を踏まえて、議論や分析を行うことが多い。

　生成文法の特徴的な考え方をいくつか紹介すると、(1)のようにまとめる

ことができる(さらに第7章を参照)。

(1) A. 人間は誰もが、脳の中に、その人の母語の文法——脳の中の文法なので、脳内文法(mental grammar)と呼ぶことにしよう——を持っており、その脳内文法に基づいて、ことばを話したり理解したりしている。
   B. ことばの営みは、音や語や句など、ことばの単位要素を脳内文法に則って結び付けたり操作を加えたりする——少し専門的な言い方をすると、記号を計算する(compute)——ことによって行われる。
   C. 脳内文法のある部分は、それぞれの言語に特有であるが、ある部分は人間言語のすべてに共通している。

　生成文法では、ことばの具体的な研究を通じて、こうした考え方(仮説)の妥当性を実証的に示そうとしている。(1A)は脳内文法を構成する規則・原理を明らかにすることであり、(1B)はそれらの規則・原理の働き方や操作方法を解明することであり、(1C)はそれらの規則・原理がどのように習得されるかを明らかにすることである。

✂ ことばを科学的に捉える

　脳とか、計算とか、理論などというと、ことばという人間の営みを研究するのに、自然を対象にした自然科学を研究しているように思われるかもしれない。これは、(1A)で述べたように、ことばが人間という生命体の、脳という器官で営まれることからすれば、ある意味で、当然であると言えよう。当然であるとしても、この本の読者の多くが「文系人間」であろうことからすると、科学(特に、自然科学)に対して苦手意識を持っていたり、敬遠されたりするかもしれない。だが、研究の対象は、中学や高校で学んできた英語であり、ある程度の知識を持っているはずである。それに、本書では、読者にとってなるべく馴染みあると思われる英語の現象を取り上げて、できるだ

け平明な解説に努めるので、科学とか理論などと言っても、少しも心配に及ばないものと思われる。

　本書の本文では、英語に潜んでいる規則性を見つけ出し、それを記述、説明する方法を解説することが中心になるが、そのようにして得られた成果が、(1)のAやB、Cのようなやや大きな観点からどのような意義があるかという点については、各章の終わりで囲み内の「本章の要点」として述べることにする。さらに最後の第7章でも、生成文法による言語研究の意義について見ることにする。英語の現象を研究するにしても、それを通じて(1)で述べられているような脳の働きについて研究していることを、頭のどこかで意識しておく必要がある。

✂ことばの単位

　(1B)で触れられている「ことばの単位要素」について、まず見ておこう。どのような言語でも発話は、切れ目のない音声の連続のように聞こえる。だがその元を探れば、発声器官で作られる「音」という小さな単位にたどり着く。音という小さな単位を組み合わせてもう少し大きな単位を作り、その単位をさらに組み合わせてより大きな単位を作る。ことばは大小さまざまな単位の組み合わせである。

　最も小さな単位である「音」の種類は言語によって異なるが、少ない言語で10数種類、多い言語でも60数種類程度、英語では、数え方により多少前後するが、子音と母音を合わせて40種類前後であろう。それらの限られた種類の音を用いて、それぞれの言語に特有な「語」が作られる。英語のappleという語は [æ][p][l] という3つの音が組み合わさってできたものである。限られた種類の音を組み合わせて、何万、何十万という数多くの語が作られる。

　語がいくつか組み合わされると、「句」という単位ができる。thisという語とappleという語が組み合わさると、this appleという句(名詞句)ができる。この名詞句がさらにateという語と結び付くと、より大きな句(動詞句)

ができる。

　句がさらに別の語句と結び付くと、「文」というもっと大きな単位ができる。The boy ate this apple という文は、the boy という名詞句と ate this apple という動詞句が一緒になってできた文である。文はいくらでも長くし、色々な内容を表現することができるのであるから、その種類は無限である。

　ことばの単位を小さな方から大きな方へ順に並べると(2)のようになる。

（２）　音　→　語　→　句　→　文
　　　音韻論　形態論　　統語論
　　　　　　　　意味論

✂ 英語学の諸領域

　英語学では、(2)に示したそれぞれの単位について、英語という言語に特有な仕組みや規則性を明らかにしようとする。

　最も小さな単位である音のレベルを対象にして、その種類や発音の規則性などを研究するのが、音韻論(phonology)と呼ばれる領域である。phonology の phono- は、phone(音)から由来している。

　語の形成法を調べるのが、形態論(morphology)である。morphology の morpho- は、「形態」「組成」という意味を持っており、-logy は「〜学」とか「〜論」を表す要素である。morphology という語が２つの要素から成っているという説明も、形態論に基づく説明法である。

　語を統合して句や文を作る際の規則性を明らかにするのが、統語論(syntax)である。syntax は、「一緒に」を意味する syn- と「配列」を意味する -tax が一緒になってできた語である。

　語や句、文の意味を取り扱う領域は、意味論(semantics)と呼ばれる領域である。semantics の sema- は sign(記号)のことであり、-ics は「〜学」とか「〜論」を意味する。semantic はギリシャ語の significant(意味のある)に

当たる。

✂ 英語学の研究法

　英語学の研究は、まず英語の事実を丁寧に観察することから始める。すなわちデータの収集から開始する。文章として書かれているテキストや口頭で発せられた発話例を収集したり、英語の話者に実験を行ったりしてデータを集める。過去の研究書や論文の中にもたくさんのデータが収められている。データを集めるには、ことばのどのような側面を明らかにしようとしているのかとか、そのことによって何を解明しようとしているのかなどといった目標や視座が必要である。

　次に集めたデータの中から共通性や傾向を見つけ出す。多くのデータの中からその背後に潜む規則性を探る。見つけ出された規則性を、一定の記号や概念を用いて、仮説として記述する。

　仮説ができたら、それに基づいて予測を立てて検証を行う。検証するには、再び、予測されることに関連したデータに照らし合わせてみる。予測どおりの結果となれば、仮説の正しさが検証されたことになり、予測どおりにならなければ、仮説に修正を加えたり、新たな仮説を立てたりして、精緻化に努める。

　さらに規則性の原因(仮説の根拠)を一般的な原理や原則で説明することを試みる。ただ単に当面の現象だけに当てはまる説明ではなく、類似した現象に広く当てはまる原理や、ことばの本質に根差した原則などによって説明できることが望ましい。

(3)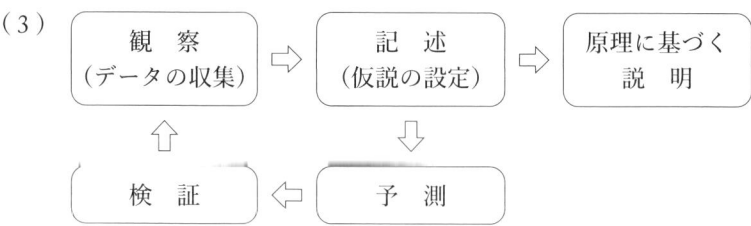

(3)に示した一連のプロセスを行う上で、上述の一定の枠組み、すなわち「理論」が重要になる。

(3)のプロセスは例えば物理学で、空中での万物の動きを万有引力という仮説で記述するのに似ている。まず物体の空中における動きを詳細に観察すると、万物が地球の中心に向かって落下するという規則性が見出される。その規則性を万有引力という仮説で捉えようとする。その仮説から導かれる予測について、例えば、落下物の質量を変えたり、真空空間や無重力状態で観察したりして物体の動きについて検証してみる。その一方で、引力の原因を（あまり詳しいことはわからないが）素粒子とか電磁波などといった近代物理学の観点から説明することを試みる。ことばの研究も、科学であることを目指しているので、科学の中でも最も「科学的な」物理学などと同じ手法で、ことばの規則性を研究しようとしているのである。

✂ 本書の構成

本書の構成は、比較的実感しやすいと思われる領域から順番に配列されている。小さな単位よりも大きな単位の方が実感として理解しやすい。また高校までの英文法では、大きな単位を中心にして学習してきた。そこで統語論、形態論、音韻論、意味論という、大きな単位のレベルから順番に見ていくことにする。最後の章で、こうした言語研究の意義について、より広い視野から眺めてみる。

本章の要点

ことばは様々な種類の単位の組み合わせである。組み合わせ方には規則性が内在している。英語学は、英語という言語に内在している単位の組み合わせの規則性を見つけ出し、明らかにすることを目指している。

ことばの単位として、大きさに応じて、音、語、句、文がある。こう

した単位の組み合わせ方の規則性には、英語とか日本語などといった個別言語に特有なものもあるが、どの言語にも共通して当てはまるものもある(本文(1C))。

　ことばが脳で営まれていることからすると、ことばの規則性の源となる「文法」が脳の中に「脳内文法」として存在しているものと考えられる((1A))。単位の組み合わせは、脳内文法に則って行われる記号の操作、すなわち記号の計算(computation)と見なすことができる((1B))。

　最近の英語学研究では、こうした観点に立って英語の研究が行われている。

第2章 統語論（1）
― 文の組み立て ―

2.1 文の構造

次の(1)と(2)は同じ5個の英単語を含んだ文であるが、(1)は英語の文として適格であるのに対して、(2)は適格ではない(星印＊は英語の文として不適格であることを示す)。なぜなのだろうか。

（1） The boy ate this apple.
（2） ＊Boy the this ate apple.

ある文が適格であるか不適格であるかは、1つ1つの文ごとに決まっているのではない。それぞれの言語の文の組み立て(「文の構造」)に関する規則性があり、その規則性に基づいて決まってくる。統語論の1つの大きな課題は、各言語の構造の規則性を明らかにすることである。

✂ 構成素

(1)には5つの語が含まれている。隣り合っている語は互いに同じような強さで結び付いているわけではなく、結び付きの強弱に違いがある。例えばboyは左隣りのtheとは強く結び付いているのに対して、右隣りのateとは強く結び付いていない。theとboyは一緒になって1つのまとまりを作るが、boyとateはまとまりを構成しない。またthisとappleも一緒になって1つのまとまりを作っている。さらにthis appleというまとまりはateという語と結び付いてより大きなまとまりを作る。そのまとまりがthe boyという

まとまりと一緒になって、文という一番大きなまとまりとなる。

それぞれのまとまりを点で表すと、(1)の文に含まれる語のまとまり具合は(3)のようになる。

(3)

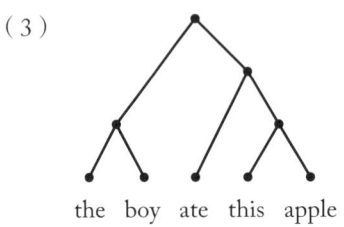

個々の語が一番下位の(小さな)まとまりとなっている。より大きなまとまりを作る語句同士が斜線で結ばれ、出来上がったまとまりに点が与えられている。点で示されたそれぞれのまとまりを、文の構成素(constituent)という。(3)では文を構成している語の構成素関係が示されている。

構成素には同じ種類に属すると思われるものがある。the と this、boy と apple はそれぞれ同じグループに属している。だから相互に置き替えることができる。また the boy と this apple というやや大きな構成素も同じグループに属している。そこで構成素の種類に名称を与えることにしよう。「名詞」などという品詞名や、「名詞句」などという句の名称は構成素の名称に他ならない。構成素の名称を、統語論上の構成素の種類という意味で、統語範疇(syntactic category)という。統語範疇を次のように頭文字を用いて略記することにする。

名詞(Noun) = N　　　　　名詞句(Noun Phrase) = NP
動詞(Verb) = V　　　　　動詞句(Verb Phrase) = VP
形容詞(Adjective) = A　　形容詞句(Adjective Phrase) = AP
前置詞(Preposition) = P　前置詞句(Prepositional Phrase) = PP
決定詞(Determiner) = Det　文(Sentence) = S

✂ 構造とは

これらの記号を用いて、(3)の図で点で示されている構成素に統語範疇を与えてみよう。語の統語範疇は左から、the が決定詞 Det、boy が名詞 N、ate が動詞 V、this が決定詞 Det、apple が名詞 N である。the と boy で名詞句 NP を作り、同じく this と apple で名詞句 NP を作る。後者の NP は動詞 ate と一緒になって動詞句 VP を構成する。最後に文頭の NP とそれに続く VP が一緒になって文 S を作る。これらの範疇名を(3)の点の所に当てると、次のようになる。

(4)

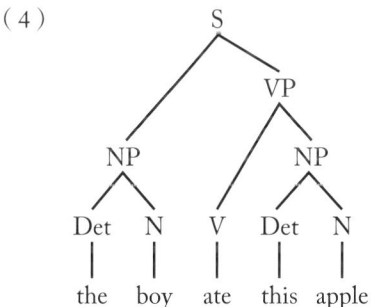

(4)のような図は木のような形をしているので、樹形図(tree diagram)と呼ぶ。樹形図には、①語や構成素の直線的配列(例えば、Det の方が N より手前である)、②語や構成素間のまとまり具合(例えば、V と NP が一緒になって構成素を成している)、③構成素の統語範疇(例えば、boy は N という統語範疇に属する)という、3種類の情報が盛り込まれている。

樹形図は文の構造を図示したものである。したがって、文の構造は①語や構成素の直線的配列、②語や構成素間の構成素関係、③構成素の統語範疇という、3種類の情報に基づいて定めることができる。文は、表面的に見ると語が一列に並んでいるに過ぎないようだが、その構造は(4)のような階層を成しているのである。

樹形図を見ると難しそうに思われるかもしれないが、それが意味している

ところは特別難解なことではない。下から上へと見ていくならば、語が相互に結び付いてどのようなまとまり具合(構成素)になっているか、そのまとまりがどのような種類(統語範疇)に属しているかを示している。逆に上から下へと辿(たど)るならば、1つの文がどのような種類の下位単位(か い)(構成素)に分解していくことができるかを示している。

　樹形図と同様に①-③の情報を示すのに、次のような表示方法を用いることもできる。

（5）　[S [NP [Det the][N boy]][VP [V ate][NP [Det this][N apple]]]]

構成素関係が括弧 [　] で示され、統語範疇を表す標識が括弧の内側に付けられている。括弧に標識が付けられているので、標識付き括弧(labelled bracket)と呼ぶ。樹形図の方が文の構造の階層性をはっきりと示せるのだが、紙幅をたくさん取るので、標識付き括弧による表示がしばしば用いられる。練習問題をやることにより、どちらの表示方法にも慣れていただきたい。

　練習問題

1. 次の文に現れている語を構成素に分けなさい。それぞれの構成素の統語範疇を述べなさい。そして、構造を樹形図と標識付き括弧の両方を用いて示しなさい。その際、VP内の構成素はいずれもVPのすぐ下にあるものとする。同様にNP内にある構成素についても、いずれもNPのすぐ下にあるものとする。代名詞はそれ1つでもって、the boy のような NP と同じ働きをすることに注意しなさい。

　（a）　The sun rises.
　（b）　A teacher came from London.
　（c）　All mothers love their children.
　（d）　He sent it to her.

　　　　（e）　The teacher from London teaches the students English.
　　　　（f）　My friend wrote to his parents about the accident.
　2.　上記1の練習問題(a) – (f)に現れているVPのパターンを、例にならって、構成素の統語範疇に基づいて整理しなさい。
　　　例：(b)　VP = V + PP
　3.　上記2で答えた(a) – (f)のパターンに当てはまるVPを持つような例文(つまり練習問題1の(a) – (f)と同じ文型の例文)を作りなさい。

2.2　句の構造

　次の(6)は、全体として英語の文ではないが、this appleの部分は正しい配列になっている。

（6）　*Ate boy the this apple.

これはthis appleの部分に関しては、英語の組み立てに関するきまり(規則)に合っているからである。
　第1章の(2)で見たとおり、文のトには句というト位単位がある。句には、それぞれの統語範疇ごとに、その構造に関するきまり(規則)がある。(6)のthis appleの部分は名詞句という句となっており、名詞句の構成に関する規則に適っている。そのために、この部分は正しい語の配列になっているのである。
　句の構成に関する規則を句構造規則(phrase structure rule)と呼ぶ。英語の句構造規則のいくつかを見てみよう。
　まず文S(正確には句ではないが)は、主語の名詞句NPと述部の動詞句VPとから成り立っており、それらの句がNP　VPという順番で並んでいる。そこで文の句構造規則として(7a)のような規則を設けることができる。

(7a)のような形式をした句構造規則は一般に、矢印の左辺の構成素が右辺に示した構成素から成り立っており、それらの構成素が右辺で述べられている順番で配列されていることを表している。

(7) a.　S → NP VP

　次に名詞句 NP は、決定詞 Det と名詞 N から成り立っており、それらの要素がその順番で並んでいる。但し、名詞が複数形の場合には決定詞が無くてもよいし(例：apples)、固有名詞の場合にはそれが不要である(例：John)。決定詞は、名詞句の構成において随意的な要素である。随意的要素は括弧の中に入れるとすると、NP の句構造規則は(7b)のようになる。

(7) b.　NP →(Det) N

(7b)は、NP が随意的な Det と義務的な N から成り立ち、両者が共に現れる場合には Det が左側、N が右側に来るという配列の決まりを表したものである。
　動詞句 VP は、動詞とその目的語である NP から構成される。この場合も、動詞が run や dance のような自動詞であれば目的語を取らないので、目的語の NP は動詞句の構成において随意的要素である。NP を括弧に入れると、VP の句構造規則は(7c)のようになる。

(7) c.　VP → V (NP)

　(7b)の名詞句 NP の構成では、名詞 N が義務的であり、その N を中心にして NP という句ができている。同様に(7c)の動詞句 VP の構成では、動詞 V が義務的であり、その V を中心にして VP という句ができている。句の中心となる語を、句の主要部(head)と呼ぶ。eat this apple という動詞句では

eat が主要部である。run のような自動詞の場合には、それだけで動詞句を構成し、それが動詞句の主要部となる。this apple という名詞句では apple が主要部である。

　句構造規則は、それぞれの句がどのような要素から構成されているか、換言すれば、どのような要素を含むことができるかについての可能性を示したものである。VP という句であれば、主要部の V のほかに目的語の NP を含み得る。しかし、個々の動詞が実際に目的語を取れるかは動詞ごとに決まっている。eat ならば取ることができるが、run ならば取れない。eat に限らず kick、discover のような他動詞は必ず目的語の NP を必要とする。(6c) の句構造規則から少しはみ出す(それゆえ、修正を加える必要があるのだ)が、自動詞の中でも depend や look などは、depend *upon the parents* や look *at the baby* のように前置詞句(斜体部)を必要とする。主要部が必要とする要素を補部(complement)と呼ぶ(詳しくは 19 頁以降を参照)。主要部だけでは不十分なので、それを補う部分という意味である。run のような動詞は補部を 1 つも必要としないが、eat などの動詞は補部として NP を必要とし、depend のような動詞は補部として PP を必要とする。

　それぞれの句の構成は、それがどのような位置に現れようとも常に一定している。例えば NP ならば、主語の位置に現れようと目的語の位置に現れようとも、その構成は随意的な Det と義務的な N から成り立っており、その順番で並んでいる。VP ならば、主節の中に現れようと従属節の中に現れようと、義務的な V と随意的な NP から成り立っており、その順番で並んでいる。句構造規則は、こうした句の内部構成に見られる規則性を、それぞれの句ごとに捉えようとするものである。

練習問題

1. 次の名詞句 NP の構成について、1 つずつ句構造規則の形式で表しなさい。代名詞の扱いについては、§2.1 の練習問題 1 の説明を思

い出しなさい。
   - (a) a boy
   - (b) teachers of English
   - (c) argument against his proposal
   - (d) agreement with them on the plan
2. 次の形容詞句 AP の構成について、句構造規則の形式で表しなさい。
   - (a) very tall （very は副詞 Adv として表わす）
   - (b) aware of the fact
   - (c) kind to everyone
   - (d) dependent on parents for money

2.3　Ｘバー理論

✂ 句の間の類似性

　(7b)(7c)の句構造規則は、NP および VP の簡単な部分を規則化したものであるが、どちらの句も、実際には、その内部構成がもう少し複雑である。すでに、VP の句構造規則(7c)について、補部として NP 以外に PP も生じることができるように修正する必要性があることに触れた。それぞれの統語範疇の主要部が補部としてどのような要素を取るかについて調べていくと、句の種類に相違に関わりなくその構成がよく似ていることに気が付く。

　動詞句 VP の主要部である動詞 V は、run のように補部を１つも取らないものもあれば、discover のように目的語の NP を取るものもあれば、depend のように PP を取るものもある。同じように、名詞句 NP の主要部 N は、下記(8a)に見るように、補部を取らずに単独で生じることができるものもあれば、(8b)のように目的語(斜体部)を取るものもあれば、(8c)のように補部として PP(斜体部)を取るものもある。ただし、名詞の後ろには名詞句が直続できないので、(8b)では目的語が(特別な意味を持っていない)前置詞 of を伴って、前置詞句として現れている。

(8) a. boy / ball / jewel
   b. discovery *of the island* / examination *of the patient*
   c. dependence *upon the parents* / relation *between the two countries*

さらに句の種類を広げてみると、形容詞句 AP でも、前置詞句 PP でも、同じような統語範疇が補部として生じることがわかる。形容詞句 AP の主要部 A は、下記(9a)に見るように、補部を取らずに単独で生じることができるものもあれば、(9b)のように目的語(斜体部)を取るものもあれば、(9c)のように補部として PP(斜体部)を取るものもある。ただし、名詞の場合と同様に、形容詞の後ろには名詞句が直続できないので、(9b)では目的語が前置詞 of を伴って、前置詞句として現れている。

(9) a. big / tall / single
   b. afraid *of dogs* / aware *of the news*
   c. dependent *upon the parents* / important *for us*

前置詞句 PP の主要部 P は、通常、on *the table* のように目的語の NP を取ると言われる(さらに下記(10b))。しかし(10a)の前置詞(下線部)は、目的語を取らずに単独で現れている。学校文法などでは副詞的要素と見なされるが、目的語を伴わない前置詞と見ることができる。(10c)の前置詞は、目的語の代わりに PP を伴っている。したがって、PP の主要部 P も、その補部として、何も取らないことも、NP を取ることも、PP を取ることもあるのである。

(10) a. come <u>in</u> / leave the letter <u>behind</u>
   b. without *water* / behind *the door*
   c. <u>from</u> *behind the door* / <u>since</u> *before the war*

これまで、句の間の類似性を主要部の右側に生じる補部に関して見てきた。主要部の左側（手前）に生じる要素についても、句の間に類似性が見られる。名詞句の句構造規則(7b)では、主要部 N の手前に決定 Det が現れている。Det として、a や the などの冠詞、this などの指示詞、my や John's のような所有格(代)名詞などが該当する。これらは、名詞の種類を「任意の」とか「特定の」「私の」という具合に「限定」したり「指定」したりする働きをしている。修飾する対象によって「限定」の仕方が多少異なるが、形容詞や前置詞の手前にも限定の働きをする要素が現れる。下記(11a)では、形容詞の表す状態や性質の程度を限定する副詞的要素が、(11b)では、前置詞が表す位置や存在の程度を限定する副詞的要素が、それぞれ現れている。こうした主要部（およびその補部との結び付き）が表す種類や程度を限定したり指定したりする要素を、指定部(specifier)と呼ぶ。

(11) a. *very* happy / *considerably* hot / *slightly* ill
　　 b. *just* behind the door / *completely* without water / *2 inches* above the table

✂ 動詞句内主語仮説

では、動詞句の指定部は何であろうか。下記(12a)の名詞句と(12b)の文を比較してみよう。

(12) a. John's examination of the patient / an examination of the patient
　　 b. John examines the patient. / One examines the patient.

(12a)の名詞句では、主要部 examination の手前に指定部として John's や an がある。一方(12b)の文では、VP の主要部 examine の手前に主語として John や one がある。文の主語は、生じている位置が名詞句の指定部とよく類似しているばかりではなく、その働きもよく似ている。(12a)の名詞句で指定部の John's や an が、それに後続する「患者の診察」という出来事を、

Johnによるものか、任意のものかという具合に限定する働きをしていると同じように、(12b)の文でも、主語が、動詞句によって表される「患者を診察する」という行為の種類を、ジョンによる診察行為であるのか、任意の人による診察行為であるのかという具合に限定している。(12a)のJohn'sのような所有格形を「名詞句の主語」ということもある。名詞句の指定部と文の主語は基本的に同じ役割を果たしている。そうだとすれば、名詞句の「主語」が名詞句内の指定部にあると同様に、文の主語も、本来は動詞句VPの中にあり、その指定部の位置を占めていると考えることができる。動詞句にも、名詞句、形容詞句、前置詞句と同様に、指定部があるのである。主語が元来VPの内部にある(VPの指定部である)という考え方を、動詞句内主語仮説(VP Internal Subject Hypothesis)という。VPの指定部にある主語がどのようにして文の主語になるかについては48頁で見る。

　以上見てきたとおり、1つの句には、その種類を問わずに、中心となる主要部、その後方に補部、前方に指定部が生じ得ることになる。しかも、句の種類を問わずに、補部として生じる統語範疇の種類がよく類似している。もし句構造規則を(7b)(7c)のようにそれぞれの句ごとに定めておいたのでは、句の間で成り立つ類似性を捉え損ねてしまうことになる。内部構成が句の種類の相違にかかわらずによく類似しているという事実は、ことばの重要な規則性なのであるから、何らかの方法で捉えることが必要だ。

✄ 補部と付加部

　主要部の右側に現れる要素についてもう少し詳しく見てみよう。次の文には、動詞の後ろに2つのPP((a)と(b))が続いているが、それらのPPは働きが違っているように思われる。どういう点で異なっているのであろうか。

(13)　He relied <u>on the doctor</u> <u>during the operation</u>.
　　　　　　　　(a)　　　　　　(b)

まず、(a)のPPは他動詞の目的語と同じように、動詞との結び付きが強く、また動詞 rely にとって不可欠(義務的)な要素である。一方(b)のPPは、時間を表す副詞的な働きをしており、動詞との結び付きが緩やかで、無くても構わない(随意的)要素である。

第2に、(a)と(b)のPPの語順を入れ替えることができない。(a)の方が(b)よりも手前に現れる。

(14) *He relied during the operation on the doctor.
　　　　　　　　(b)　　　　　　　(a)

第3に、(a)のPPの目的語は受動文の主語になれるが、(b)のPPの目的語は(たとえ動詞の直後にあったとしても)受動文の主語になれない。

(15) a.　The doctor was relied on.
　　　b.　*The operation was relied during.

第4に、(a)のPPの目的語はWH疑問文で質問の対象になるが、(b)のPPの目的語はなれない。

(16) a.　Who did he rely on __ during the operation?
　　　b.　*What did he rely on the doctor during __?

第5に、(b)のPPは比較的自由に文頭へ移動できるが、(a)のPPはできない。

(17) a.　*On the doctor he relied during the operation.
　　　　　　(a)

b. <u>During the operation</u> he relied on the doctor.
　　　　(b)

　(a)(b)どちらの PP も、表面的には動詞の後ろの位置に現れており同じように見えるが、違った働き(機能)をしている。(a)の PP のように動詞と結び付きの強い要素は、動詞だけでは不十分なところを「補う」働きをしているので、15 頁で触れた「補部」に当たる。一方、(b)の PP のように動詞との結び付きが緩やかな要素は、付随的に生じているので、付加部(adjunct)と呼ぶことにしよう。

　補部と付加部の区別は、主要部が動詞である場合だけ成り立つのではなく、名詞、形容詞、前置詞である場合にも成り立つ。いずれの句においても、補部は主要部との結び付きが強く、付加部よりも手前に生じる。また主要部の語が決まると、補部の種類が自動的に決まってくる。補部は主要部によって「選択」されるのである。

　どのような種類の句でも補部と付加部の区別が成り立つとなると、いずれの種類の句にも指定部、主要部、補部、付加部といった 4 つの異なる機能の要素が現れ得ることになる。(18a)の VP では動詞が時制変化していない点に注意。時制変化については 28 頁および §3.4 で触れる。

(18) a.　John　　publish　　a paper　　in the journal　　　　(VP)
　　　　指定部　主要部　　補部　　　付加部

　　b.　John's　book　about Galileo　in the library　　　　(NP)
　　　　指定部　主要部　補部　　　　　付加部

　　c.　very　afraid　of a lion　for its brutality　　　　(AP)
　　　　指定部　主要部　補部　　付加部

　　d.　completely　without　water　for drought　　　　(PP)
　　　　指定部　　　主要部　補部　　付加部

いずれの種類の句にも、指定部、主要部、補部、付加部が現れ、しかも同じ順序で現れるという点で、句の構成は基本的によく類似している。

✂ X とバー

上で補部と付加部は、主要部との結び付きの強弱その他の点で相違があることを見た。この事実は、句の構造の中にどのように反映されるのであろうか。(18b)の名詞句を例にして考えてみよう。

主要部(book)と、それと結び付きの強い補部(about Galileo)が一緒になって、まずコンパクトなまとまり(構成素)を作る(下記(19)の①、破線部の＋は結合することを示している)。次にそのまとまりと付加部(in the library)が結び付いて、もう少し大きなまとまりができる(②)。そのまとまりに、さらに指定部(John's)が結び付いて句ができる(③)。主要部を中心にして、補部、付加部、指定部が順番に結び付いて、句ができるのである。

(19)　[John's [[book [about Galileo]] [in the library]]]

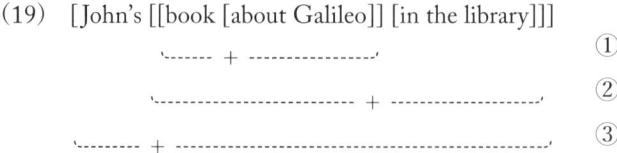

上記①②③の結合の仕方が妥当であることを示すような証拠はあるのだろうか。またそれぞれの結合によってできる統語範疇は何であろうか。次の、代名詞 one を含む文の解釈を考えてみよう。

(20) a. I have read John's book about Galileo in the library and Bill's *one* in the office.
　　 b. I have read John's book about Galileo in the library and Bill's *one*.

(20a)では、one は book about Galileo の代用形であると解釈される。一方

(20b)では、book about Galileo in the library の代用形であると解釈される。1つの代名詞 one で置換できる部分は、1まとまりの構成素を成しているものに限られる。そうだとすると、(20a)からして、主要部＋補部((19)の①の部分)で構成素を成しており、また(20b)からして、その構成素＋付加部((19)の②の部分)でも構成素を成していると判定できる。どちらの構成素も同じ one で置換できるのであるから、同じ統語範疇であると言える。(19)の①および②の統語範疇を、主要部 N よりも少し大きい統語範疇という意味で、N の上にバーを1本加えて、N̄(エヌ・シングル・バー)と呼ぶ。印刷の都合でバーの代わりにプライムを用いることがあるので、N̄ のことを N'(エヌ・シングル・プライム)と呼ぶこともある。

　(20a)(20b)から明らかなように、N̄ という統語範疇の中には指定部 John's は含まれていない。N̄ と指定部が一緒になって、N̄ よりももう少し大きい構成素という意味でバーを2本にして、N̿(エヌ・ダブル・バー)という統語範疇を形成する。N̿ とは、主要部 N を中心としてできる句、すなわち名詞句 NP に他ならない。名詞句の統語構造を示すと、(21)のようになる。

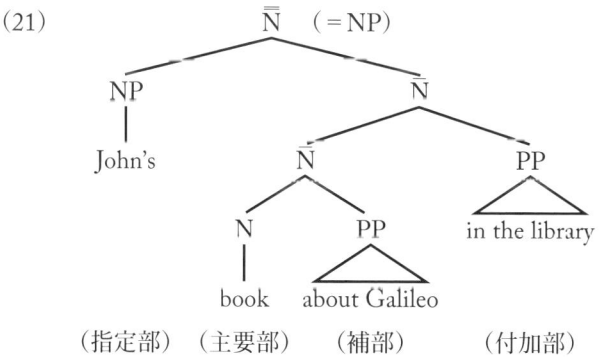

(21)

　　　　　　　　N̿　(＝NP)
　　　　　／　　　　　　＼
　　　　NP　　　　　　　　N̄
　　　　│　　　　　／　　　　＼
　　　John's　　　N̄　　　　　　PP
　　　　　　　／　　＼　　　　│
　　　　　　N　　　PP　　　in the library
　　　　　　│　　　　
　　　　　book　about Galileo

　（指定部）（主要部）　（補部）　　（付加部）

　N̄ および N̿ は N を中心としてできる構成素なので、N の投射(projection)という。とりわけ N̿(または NP)は、N の投射の中で一番大きい投射なので、N の最大投射(maximal projection)と呼ばれる。

どのような種類の句も、指定部、主要部、補部、付加部を含み得るのであるから、NP 以外の句の構造も基本的に (21) と類似しているものになる。(18a)(18c)(18d) で見た VP、AP、PP の構造を書いてみよう。(22) の VP では、動詞句内主語仮説にしたがい、文の主語となる John が VP の指定部として現れている点に注意。(23) の AP や (24) の PP の指定部に生じている Adv は副詞 (Adverb) のことを表している。

(22)
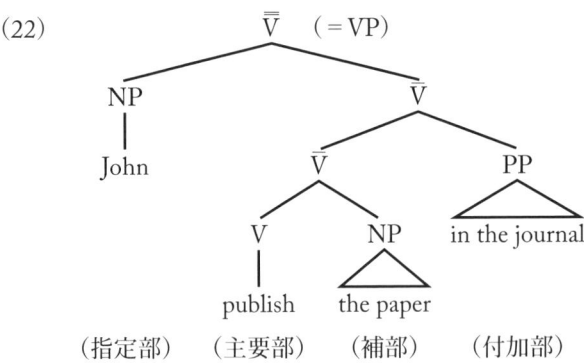

(23)
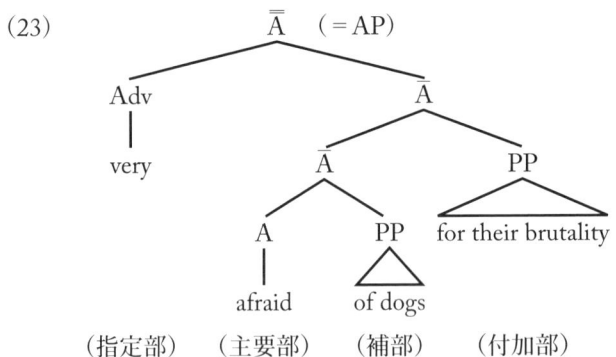

(24)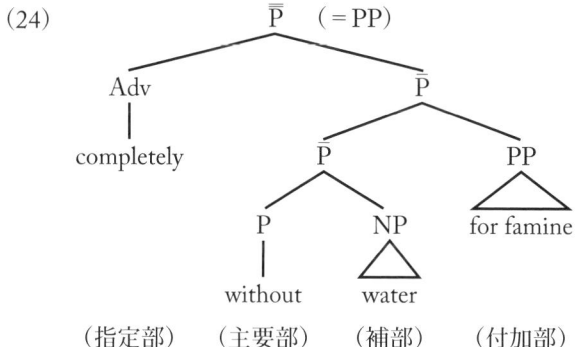
（指定部）　（主要部）　（補部）　（付加部）

　これらの構造を比べると、いずれの句の構造も基本的に同じであることが明らかであろう。こうした類似性を捉えるには、VとかNとかA、Pなどという個別的な統語範疇の名称の代わりに、何か共通した記号を用いてまとめることが必要である。そこでX(エックス)という、統語範疇の種類を特定化していない記号を使うことにしよう。Xは数学で使われる「変数」に当たり、その値として具体的な統語範疇V、N、A、Pが当てはまることになる。変数Xと、主要部とか補部などといった機能を表す用語を用いて1つの句の構造を示すと、いずれの句の構造も共通して(25)のようになる。$\bar{\mathrm{X}}$も$\bar{\bar{\mathrm{X}}}$もXの投射、特に$\bar{\bar{\mathrm{X}}}$はXの最大投射である。

(25)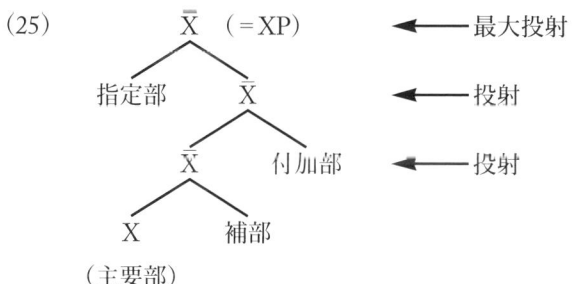

　(25)は、句の種類の如何に関わりなく成り立つような、句の構成に関する規則性を捉えたものである。変数Xとバーを用いて句の「原型」を捉え

ているので、Xバー原型(X-bar schema)と呼ぶ。Xバー原型は、句の構成に関する次のような性質を明らかにしている。

(26) ① 主要部に続く要素は、機能を異にする2つのグループ(補部と付加部)に分けられる。それらをまとめた構成素全体($\bar{\text{X}}$)を、指定部が修飾する。
② 1つの句の内部は、下から X → $\bar{\text{X}}$ → $\bar{\bar{\text{X}}}$ という具合に階層性を成している。
③ 句の構成は、どの句の場合も基本的に同じである。

①と②はバーを用いることにより、また③は変数Xを用いることによって捉えられている。補部や付加部、指定部の所に現れる具体的な統語範疇は主要部の種類によって幾分異なるが、概ねにおいて類似している。

練習問題

1. 次の例における主要部の右側の句について、補部と付加部を区別しなさい。
   (a) eat lunch in the park
   (b) talk to Mary about the quake
   (c) run into the forest
   (d) have a rest because of being tired
   (e) sleep overnight
2. これまでの NP の説明では、the young teacher に見られるような形容詞の扱いについては触れてこなかった。形容詞は NP の構造の中でどのような位置にあると考えたらよいであろうか。次に示す諸事実を手がかりにして考えなさい。但し、$\bar{\text{N}}$ の投射は反復することができるものとする。

まず代名詞 one は $\bar{\text{N}}$ の代用形になる。

(a) I saw the [teacher of French] from London, and Mary met the [one] from Paris

形容詞が名詞の手前に現れている場合には、その形容詞を含めて one に置き換えることができる。

(b) the [young teacher of French] from London and the [one] from Paris

だが形容詞の内容が対立している時には、形容詞を one の外に置くことができる。

(c) the young [teacher of French] from London and the old [one] from Paris

22–23 頁で見たとおり、代名詞 one が $\bar{\text{N}}$ の代用形であることに注目しなさい。

3. (18)を参考にして、指定部、主要部、補部、付加部を含んでいる VP、NP、AP、PP の用例を作り、それぞれの構造を図示しなさい。

2.4 節の構造

✄ 助動詞の扱い

これまで見てきた文には助動詞が一切含まれていなかった。次の文には助動詞として will が含まれている。

(27) The boy will eat this apple.
       NP   VP
            述部
            S

助動詞willを含めてそれよりも後ろの部分は、いわゆる述部というまとまりを構成している。つまり、助動詞と動詞句VPが一緒になって1つの構成素を成している。この構成素に名称を与えるとすれば、どのような統語範疇の名称になるのだろうか。

少々奇抜に思われるかもしれないが、助動詞とVPとで一種の「句」を構成していると考えることができる。助動詞が主要部で、VPがその補部を成しているものと考えられる。文の中にwillのような助動詞(法助動詞と呼ぶ)が現れない場合には、動詞が必ず現在形または過去形のいずれかに時制変化する。

(28) a. He will eat ice cream.
　　 b. He {eats/ ate/ *eat} ice cream.

動詞が時制変化するのは、助動詞として現在または過去を表す時制要素(現在ならば*Present*、過去ならば*Past*と表すことにしよう)が含まれているためであると考えられる(これらの時制要素は、否定文や疑問文でdo、does、didとして具現化することに注意)。その時制要素が動詞と合体すると、(28b)のように動詞の現在形や過去形が作られるのである。助動詞には、法助動詞と時制要素の2種類があることになる。

法助動詞と時制要素は二者択一の関係にある。一方が選ばれると他方が選ばれない。法助動詞が選ばれれば動詞が原形となり((28a)参照)、一方時制要素が選ばれれば動詞が時制変化する((28b))。助動詞が原因となって、動詞が原形、現在形、過去形という具合に語形変化(inflection)する。

助動詞は後続する動詞の語形変化を決める働きをしているので、時制変化を決定する要素という意味でInflectionと呼び、その前の方を取ってInfl、さらに縮めてIと表すことにしよう。助動詞が主要部となって「句」を構成するのであれば、助動詞が主要部IでありVPがその補部ということになる。主要部Iと補部VPとが一緒になって小さな投射、つまり$\bar{\text{I}}$を作ること

になる。これが、助動詞と動詞句から成る述部の統語範疇である。

上記(27)の The boy will eat this apple では、主語 the boy は助動詞(すなわち I の位置にある)will の手前に現れている。25 頁で見た(25)の X バー原型からすると、主要部 I の手前の位置として指定部の位置がある。主語は、主要部 I を中心にしてできる最大投射 IP の指定部を占めているのである。

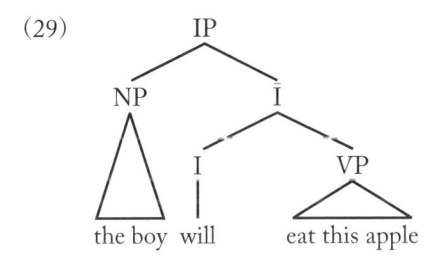

(29)
```
        IP
       /  \
      NP   Ī
     /|\  / \
    / | \ I  VP
   the boy will  /|\
              eat this apple
```

ところが、18–19 頁で、文の主語は元来 VP の内部にあり、VP の指定部を占めていると述べた(「動詞句内主語仮説」を参照)。VP 全体が I の補部であるとすれば、元来 VP の指定部にある主語も、I(= will)の後方にあるはずである。そこで、主語は、元来 VP の指定部にあったものが IP の指定部へ移動していき(§3.2 の「繰り上げ」を参照)、その結果 IP の指定部の位置、すなわち助動詞の手前の位置に現れていると考えることができる。なお、IP も付加部を取り得るが、その候補として、The boy will eat this apple, *probably* のような文全体を修飾する文副詞が挙げられる(文副詞の扱いについては、§3.2 を参照)。(29)では付加部が生じていないので、Ī の投射が 1 つだけである。

✂ 従属節の扱い

(29)の文が I believe のような節の後ろに埋め込まれると、従属接続詞 that によって導かれるようになる。従属節は動詞 believe の補部の位置にある文なので、補文(complement clause)という。接続詞 that は補文を導入する

ので、補文標識(complementizer)と呼ばれる。

(30) I believe that [$_{IP}$ the boy will eat this apple].

従属節の the boy 以下は IP という句を成しているのであったが、この IP という句も補文標識 that に続く補部と見ることができる。complementizer の頭文字をとって補文標識のことを C と表すと、補文標識が主要部 C であり IP がその補部である。主要部 C と補部 IP とで $\bar{\text{C}}$ という投射を成している。(30)の従属節には that の手前に何も現れていないが、そこには「空の」指定部があるものと仮定される(空の指定部に何が収まるかについては次章で明らかになる)。そうだとすると、補文標識を含めた1つの節の構造は、主要部 C を中心としてできる CP($=\bar{\bar{\text{C}}}$)という句として分析することができる。

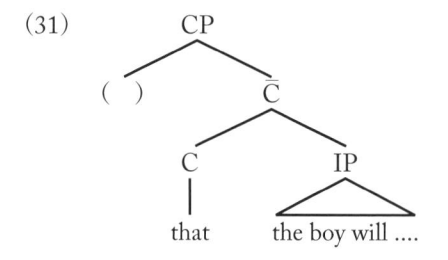

(31)　　　　　CP
　　　　　／　＼
　　　( )　　　$\bar{\text{C}}$
　　　　　　　／＼
　　　　　　C　　IP
　　　　　　｜　／＼
　　　　　that　the boy will ....

(31)の IP よりも下の部分(三角形で略記してある部分)の構造は(29)と同じである。括弧(　)は指定部の所が空であることを示している。

　以上見てきたとおり、1つの節の構造も X バー原型に当てはまる。X バー原型は元来、句の構造の共通性を捉えるために提案されたものであるが、節の構造も基本的に句の構造と同じなのである。X バー原型にしたがって、助動詞的要素が主要部 I となり、その補部として VP、指定部として主語の NP が現れているような、IP という「句」を成している。これが節の中核部

分であり、IPがさらに補文標識Cの補部として埋め込まれるとCPという別の「句」ができる。節とはCPという句にほかならない。CPの中にはIPやVP、NPなどの句が組み込まれており、それぞれの句がダブルバーやシングルバーで表されるいくつかの層から成る階層構造を成しているのと同様に（上記(25)を参照）、1つの節もいくつもの層から成る階層構造を成していることになる。

練習問題

1. 次の斜体部の構造を、Xバー原型に合うように描きなさい。補部と付加部の区別に注意しなさい。文の主語の扱いに関しては動詞句内主語仮説にしたがい、VPの部分のみを示しなさい。

    (a) *The guest stayed at the Grand Hotel.*

    (b) *The guest stayed at the Grand Hotel in New York.*

    (c) He may think that *she could climb the mountain.*

    (d) *the battle against the enemy in the war*

    (e) *advantageous to us in the trade*

2. 補文が不定詞節の場合、for – NP – to – VPという形式になる。forは補文標識、toは助動詞の一種と考えられるが、そうだとすると次の文の斜体部の構造はどのようになるだろうか。

    (a) He longs *for Mary to attend the class*.

    (b) *For Mary to attend the class* will surprise them.

3. 上記2で、不定詞のtoを助動詞の一種と見なしたが、そのように考えるべき根拠があるだろうか。本文中で「助動詞」と呼んだ要素を思い出し、それらが(a)(b)のような不定詞節に現れるかどうかを調べなさい。

2.5 複文の構造

次の文はいずれも、その一部に従属節を含んでいる複文構造である。(26a)の that 節はいわゆる名詞的従属節、(26b)の because 節は副詞的従属節、(26c)の that 節は名詞に続く同格節、(26d)の that 節は関係節(あるいは、名詞を修飾しているので形容詞的従属節)の働きをしている。

(32) a. I believe [that the boy will eat this apple].
    b. He went to hospital [because he was sick].
    c. She has the belief [that he is a spy].
    d. She will see the man [that Tom hates].

(32a)の複文は、(30)で見たとおり、従属節(that 節)が主節の動詞 believe の補部として生じたものである。(32b)の従属節は副詞的な働きをしており、副詞句が VP の中で付加部であるように、主節の VP の内部で付加部の位置に現れているものと考えられる。(32c)の同格節は、ちょうど(32a)の that 節が動詞 believe の補部であるように、名詞 belief の補部として生じたものである。さらに(32d)の関係節は、名詞 man を中心にしてできる NP 内の付加部の位置に現れている。これらの従属節 CP が現れている部分の構造を示すと、次のようになる。

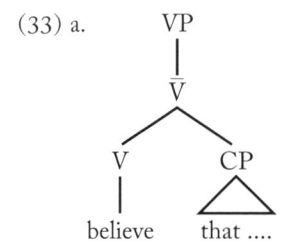

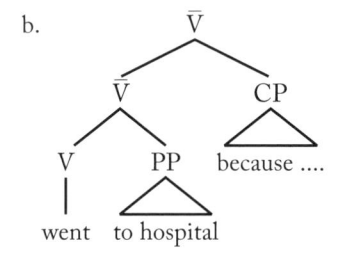

(33) a. [VP [V̄ [V believe] [CP that ....]]]

b. [V̄ [V̄ [V went] [PP to hospital]] [CP because ....]]

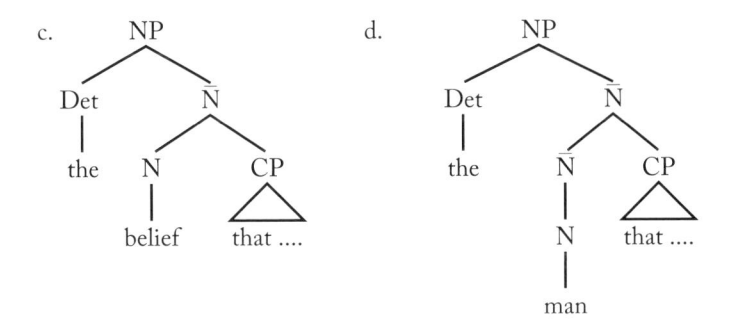

c.
```
         NP
        /  \
      Det   N̄
       |   / \
      the N   CP
          |   △
       belief that ....
```

d.
```
         NP
        /  \
      Det   N̄
       |   / \
      the N̄  CP
          |   △
          N  that ....
          |
         man
```

このように複文構造は、節が VP や NP の内部において補部や付加部の位置に現れている構造である。

　句の構成はその種類の如何を問わずに、(25)に示した X バー原型の形をしている。節の構成も X バー原型に当てはまる一種の句として分析できる。さらに、複文の構成も、節が X バー原型の補部や付加部の位置に埋め込まれている構造として分析することができる。1 つの文は、X バー原型に当てはまる句をいわば「ブロック」として、いくつかのブロックをさまざまな関係で組み合わせることによって形成されているのである。

練習問題

1. 次の例を参考にして、形容詞に続く補文の例を 3 つ挙げなさい。
　　例：aware that John is a French
　　　　eager to attend the meeting
2. 前置詞の後ろには一般的に補文(特に that 節)が続かない。だが、やや固定した表現として、前置詞に that 節が続くような例がある。どのような例であろうか。そのような例があるとなると、いずれの主要部 V、N、A、P の後ろにも補文が生じることになる。

3. (33c)のような同格節と(33d)のような関係節は共にNP内のCPであるが、いくつかの点で相違している。両構文の相違点をなるべくたくさん挙げなさい。

本章の要点

どの言語にも、文の組み立てに関する決まり(規則)がある。文は、いわばブロック(句)を組み合わせることによって作られる。そのブロックの色(統語範疇)は異なっていても、内部の構成は基本的に同じである。ブロックを組み合わせることによってより複雑な文が作られ、組み合わせ方を変えることによってさまざまな種類の複雑な文ができる。

それぞれのブロックの内部構成は基本的に同じなので、ブロックの組み立てに関する規則(句構造規則)をXバー原型として一般化することができる。Xバー原型は、脳内にあると考えられる脳内文法の規則(原理)の1つである。

第3章 統語論（2）
―文法の操作―

3.1 抽象的な構造

✄ 文と文の間の近縁関係

次の3文を比較してみよう。副詞 completely の現れている位置は異なるが、ほぼ同じ意味を表している。

(1) a.　John depends upon Mary completely.
　　b.　John depends completely upon Mary.
　　c.　John completely depends upon Mary.

次の(2a)と(2b)では、John の現れている位置が違っているが、やはり同義関係にある。

(2) a.　It seems that John is happy.
　　b.　John seems to be happy.

さらに次の(3a)と(3b)は、一方が平叙文、他方が疑問文であり語順が相違しているが、どちらも「SVO の文型」と見なされる。

(3) a.　They saw a lion.
　　b.　What did they see?

こうした語句の配列の違いにもかかわらず成り立つ「同義関係」や「近縁関係」は、どのようにしたら捉えることができるのであろうか。

✂ D構造とS構造

まず(3a)と(3b)の「近縁関係」から考えてみよう。これらの文に含まれている動詞 see は他動詞であり、当然その後ろに目的語が現れるものと予想される。だが疑問文の(3b)では、動詞の後ろに目的語が現れていない。代わりに、文頭のところに疑問詞 what が現れている。この疑問詞は元々他動詞 see の目的語であったものと容易に感じ取ることができる。そうだとすると(3b)の文の語順は、元々は They saw what であったということになる。この語順ならば VP の部分が「主要部(saw)－補部(what)」という配列になっており、前章で見た X バー原型の形に当てはまる。

X バー原型に当てはまるような文の構造を、D 構造(D は deep の意味)と呼ぶ。D 構造は、いわば表面的に多様な構文の元になっている基本的な文の構造である。(3b)の D 構造として They saw what のような構造が仮定されるならば、そこにおける語順は(3a)の平叙文における語順と同じである。(3b)の D 構造において、(3a)との「近縁関係」が反映されていることになる。

D 構造の配列のままでは、英語の WH 疑問文として適格な語順とはいえない。(3b)のような WH 疑問文にするには、D 構造で目的語の位置にある what を文頭へ「移動」することが必要である。

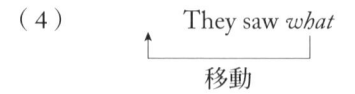

(4)　　　　They saw *what*
　　　　　↑＿＿＿＿＿＿｜
　　　　　　　　移動

適格な配列をした文の構造を、S 構造(S は surface の意味)と呼ぶ。D 構造を整合された S 構造へ関係づける操作を、変形操作(transformation)とい

う。変形操作の考え方は生成文法理論に特有なので、初期の生成文法は変形文法(Transformational Grammar)と呼ばれていた。

WH疑問文(3b)の「派生過程」(D構造から整合されたS構造を作り出す流れ)を示すと下記(5)のようになる。(5a)のD構造では、主語theyが「動詞句内主語仮説」に基づきVPの指定部にあり、また疑問詞whatが目的語の位置に現れている。助動詞として、過去時制を表す抽象的要素Pastが主要部Iの所に現れている。「移動」という変形操作によって、まず主語theyがVP指定部からIP指定部に移動され、Pastが指定部Iから別の指定部Cへ移動され、さらにwhatが目的語の位置から文頭へ移されると、(5b)のS構造が派生される(抽象的な要素Pastがdidとして具現化することについては、§3.4で詳しく見る)。

(5) a. D構造　　[$_{CP}$ [$_{IP}$ Past [$_{VP}$ they see what]]]
　　　　　　　⇓　theyの移動
　　　　　　[$_{CP}$ [$_{IP}$ they Past [$_{VP}$ __ see what]]]
　　　　　　　⇓　Pastの移動
　　　　　　[$_{CP}$ Past [$_{IP}$ they __ [$_{VP}$ __ see what]]]
　　　　　　　⇓　whatの移動
　　b. S構造　　[$_{CP}$ What did [$_{IP}$ they __ [$_{VP}$ __ see __]]]?

(5b)で疑問詞whatが移動していく位置は、§2.4で触れた、節の先端にある空のCP指定部の位置である。したがって(5b)のS構造は、次のような構造をしている。点線は、主語、時制要素および疑問詞が移動した軌跡を示している。それぞれの要素が元あった位置には、「目には見えない」痕跡(trace、 t と略記)が残されているものとしよう。

（6）

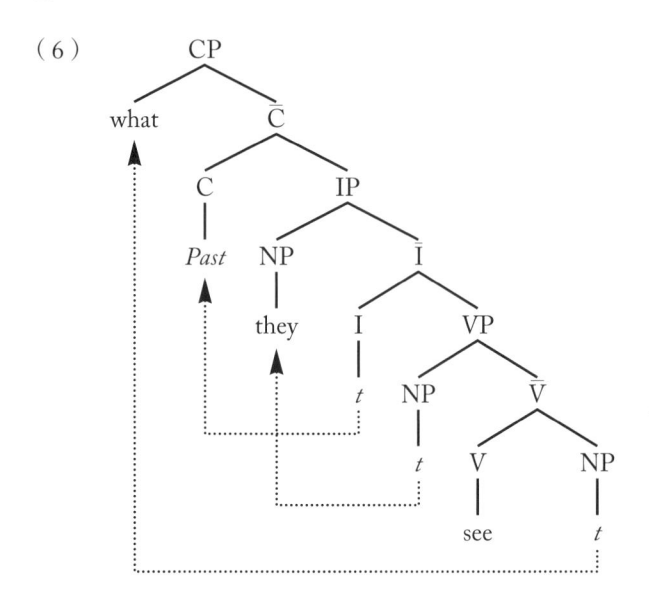

```
                    CP
               ┌─────┴─────┐
             what          C̄
                      ┌────┴────┐
                      C         IP
                    Past   ┌────┴────┐
                          NP         Ī
                          │     ┌────┴────┐
                         they   I         VP
                                │    ┌────┴────┐
                                t    NP        V̄
                                     │    ┌────┴────┐
                                     t    V         NP
                                          │         │
                                         see        t
```

　D構造は、整合された具体的な英語の文（S構造）とは語句の配列が異なっているとか、*Past* のような抽象的な要素が含まれているという意味で、抽象的な構造である。D構造という抽象的な構造を設けることによって、例えば、文頭の疑問詞が目的語である（つまり、Vの補部である）とか、主語の手前に現れている did の源は通常助動詞が生じる I の位置にあった、などということを明示的に表すことができる。D構造を仮定したことの帰結として、それをS構造へ関係づけるための道具立て、つまり変形操作が必要となるのである。

練習問題

1. 次の文のD構造を示しなさい。
   - （a） What did he look for?
   - （b） When did she leave?

（c）　Who do you think will win?
　　　（d）　To whom did he give the radio?
　2.　次の例文はいずれも、WH疑問文において疑問詞が元の位置から文頭へ移動していることを示す証拠となる。これらの例文がその証拠となる理由を考えなさい。
　　　（a）　Who/*What did the news surprise?
　　　（b）　*What did you see the movie?
　　　（c）　*What did he run?
　3.　受動文でも、能動文の目的語が主語の位置へ移動していると考えられる。次例はそう考えるべき証拠となるような例文である。なぜ証拠になるのか、理由を述べなさい。
　　　能動文：Harry ate {the apple/*the Empire State Building}.
　　　（a）　{The apple/*The Empire State Building} was eaten by Harry.
　　　（b）　*The apple was eaten the orange by Harry.
　4.　疑問詞はいつでも主文の文頭へ移動するわけではない。次のような文では、疑問詞が補文の内部で移動している。これらの例では、なぜ疑問詞が文頭へ移動しないで、補文の頭へ移動するのだろうか。
　　　（a）　They wonder what he saw.
　　　（b）　Mary asked me when he left.

3.2　文法操作の性質

構造依存

今度は(1)の例文((7)として再録)を考えてみよう。

（7）a.　John depends upon Mary completely.
　　 b.　John depends completely upon Mary.
　　 c.　John completely depends upon Mary

Completely のような述部副詞(述部で表される動作を修飾する副詞)は、元来 VP 内の付加部として現れているものと考えられる。すなわち D 構造の段階では、V̄ の中の右端の位置を占めている。

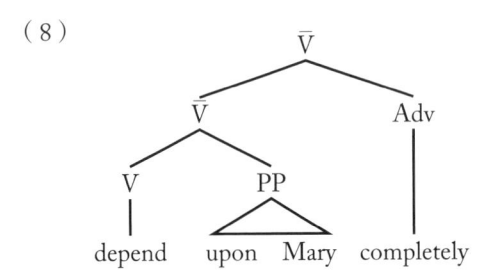

(8)
```
            V̄
          /    \
         V̄     Adv
        /  \    |
       V   PP  completely
       |   /\
    depend upon Mary
```

(7)の(a)(b)(c)の例文では、(7a)の文における位置(VP 内の右端の位置)が completely の「元々の」位置である。それが「移動」によっていろいろな位置へと移される。

　副詞はどのような位置へでも移動できるわけではない。下記(9)において、ok が付いた位置には現れることができるが、* が付いた位置には現れることができない。

(9)　　　　　　　John　will　depend　upon　Mary
　　completely　 *　　 *　　 ok　　 ok　　 *　　ok
　　　　　　　　①　　②　　③　　　④　　⑤　　⑥

副詞が現れる位置に関して、何か原則があるのだろうか。
　(9)の文の S 構造を示すと(10)のようになる。述部副詞 completely が元来現れる位置は、(8)で見たとおり VP 内の付加部である。

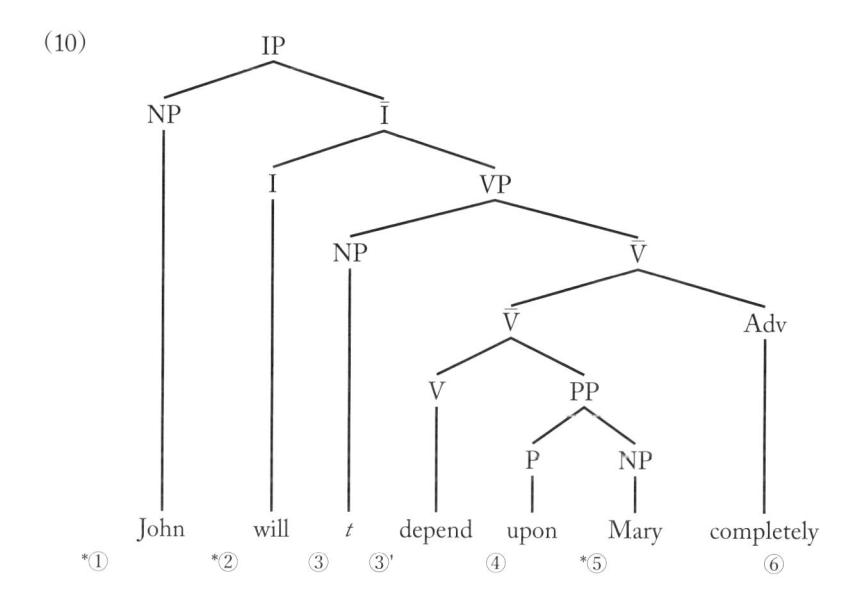

(10)
```
                    IP
                  /    \
                NP      Ī
                       /  \
                      I    VP
                          /  \
                        NP    V̄
                             /  \
                            V̄    Adv
                           / \
                          V   PP
                             /  \
                            P    NP

        John   will   t   depend  upon  Mary  completely
        *①     *②    ③   ③'      ④    *⑤    ⑥
```

　①–⑥の位置のうち、述部副詞 completely が現れ得る位置③④⑥と、現れることができない位置①②⑤との間には、顕著な相違がある。③④⑥の位置はいずれも VP 内の構成素の切れ目に当たる。VP の左端の切れ目の位置は③である。VP の直下の構成素である主語 NP と V̄ の切れ目は③'であるが、主語はすでに IP 指定部に移動しているので、③と③'は実質的な違いがない。その下の V̄ の構成素である V と PP の切れ目が④である。VP の右端の切れ目、上方の V̄ の右端の切れ目、下方の V̄ の右端の切れ目、PP の右端の切れ目は、いずれも全体の右端である⑥の位置と同じである。これに対して、①は IP の左側の位置、②は IP 内の NP と Ī の間の位置であり、どちらも VP の外の位置である。⑤は VP 内の位置であるが、VP とは別の句（最大投射）である PP の内部にあり、VP という最大投射の構成素の切れ目の位置ではない。

　述部副詞が VP の構成素の切れ目の位置に現れるという事実は、述部副詞が元来 VP の付加部であるということと無関係ではなさそうである。副詞

は、それが属する最大投射の内部で、その主要な構成素の切れ目の位置に移動することができるのである。completely のような述部副詞は VP という最大投射に属しており、VP の左端や右端、その主要な構成素の切れ目である V(主要部)の左右や、補部の左右に現れることができる。そこで副詞の移動に関して、次のような規則性が内在しているものと考えられる。

(11)　副詞は、それが属する最大投射内の構成素の切れ目に移動できる。

　(11)が正しいとすると、副詞の移動は「最大投射」とか「構成素の切れ目」などといった構造上の情報に基づいて決まってくることになる。つまり副詞の移動という操作は、直接見ることのできない「文の構造」に関する情報を手がかりにして行われるのである。このような文法操作の性質を構造依存の原則(Principle of Structure Dependence)という。文法操作は一般的に、構造依存の原則に基づいて定められる。

　副詞には completely のような述部副詞のほかに、probably のような文副詞(文全体を修飾する副詞)がある。文副詞も、文の中のいろいろな位置に現れることができる。文副詞 probably は(12)のような分布を示す(文末⑥の位置ではコンマを伴う)。

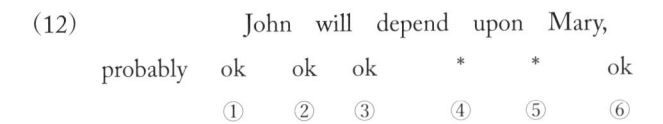

(12)　　　　　　John　will　depend　upon　Mary,
　　　probably　ok　　ok　　ok　　　*　　　*　　ok
　　　　　　　　①　　②　　③　　　④　　　⑤　　⑥

　文副詞は IP 全体を修飾するので、29 頁で示唆したように、IP の付加部と見なすことができる。副詞の原則(11)では、該当する副詞を述部副詞だけに限定することはしなかった。したがって(11)は、副詞全般の移動の可能性を定めたものと見ることができる。

　(11)にしたがうと、文副詞はそれが属する最大投射 IP 内の構成素の切れ

目に現れることができるはずである。(12)の文の構造は、副詞を除いて(10)に示した構造と同じである。副詞の部分を修正すると、(13)のようになる。

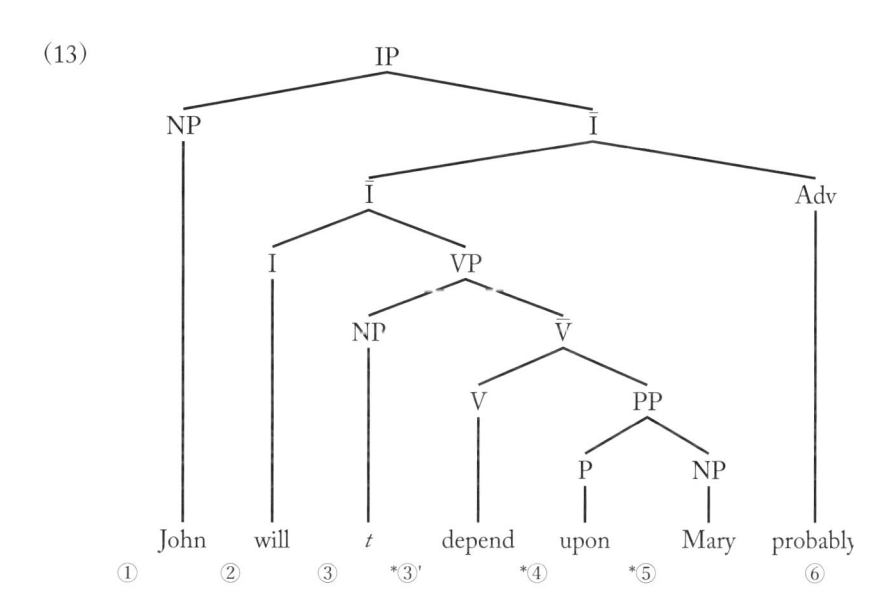

(13)

```
                    IP
              ／          ＼
           NP              Ī
                      ／      ＼
                     Ī         Adv
                  ／   ＼
                 I      VP
                      ／  ＼
                    NP    V̄
                        ／  ＼
                       V    PP
                           ／ ＼
                          P   NP

          John  will   t  depend upon Mary probably
           ①    ②    ③   *③'   *④   *⑤    ⑥
```

(13)において IP の構成素の切れ目に当たるのは、IP の左端①、IP 内の NP と Ī の間の位置②、Ī 内の I と VP の間の位置③、そして IP の右端⑥である。実際(12)で見たとおり、これらの位置には文副詞が現れることができる。これに対して、VP 内部の位置である③'や④や⑤には文副詞が現れることができない。これらの位置は、文副詞が属する最大投射 IP の構成素の切れ目に該当しないからである(③'は、主語 John がすでに IP 指定部へ移動しているので、③と実質的に相違がない。③は IP の構成素内の切れ目なので、生起可能である点に注意)。

(9)と(12)で見たとおり、completely のような述部副詞と probably のような文副詞とは異なった分布を示す。だがどちらの種類の副詞も、(11)の原則にしたがって分布している。つまり副詞の分布には、(11)のような「構

造に依存した」規則性が内在しているのである。

練習問題

1. 次の2文の中で、述部副詞（例えば easily）および文副詞（例えば certainly）が現れるのは、①–⑤の位置のうちどこだろうか。述部副詞の分布に関して、1ヶ所だけ(a)と(b)とで相違が生じる。それはどの位置だろうか。

   (a) The student　　has　　read　　the long story
   　　　①　　　　　　②　　③　　④　　　　⑤
   (b) The student　　has　　talked　　about the story
   　　　①　　　　　　②　　③　　④　　　　⑤

2. 副詞の中には、容易に他の位置へ移動ができないものがある。そのような副詞を含む例文を3つ挙げなさい。

3. 次の文に現れている副詞 wisely は、ほかにどのような位置に生じることができるであろうか。また、現れる位置によって意味が異なるであろうか。

   (a) John　has　wisely　answered　the question
   　　①　　②　　　　　　　　③　　　　　④

✂ 繰り上げ

今度は(2a)(2b)の例文((14)として再録)の意味を考えてみよう。John の現れている位置は異なるが、ほぼ同義関係にある。

(14) a. It seems that *John* is happy.
　　 b. *John* seems to be happy.

どちらの文も、「ジョンが幸せである」という事態が「そうらしい」という

内容を表している。こうした意味内容は、(14b)よりも(14a)において直接的に表されている。(14a)では、John と happy が1つの節の中で主語と述語の関係になって「ジョンが幸せである」という内容を表しており、その節全体を「そうらしい」という意味の seem が修飾(正確に言うと、叙述)しているからである。一方(14b)では、意味的に主語と述部の関係にある John と happy が、seem を挟んで分断されている。(14b)における語句の配列では、John と happy が主語・述部の関係になっていること、およびそれを seem が修飾していることが、直接的に反映されていない。

そこで(14b)の D 構造では、John と be happy で1つの節を構成しており、その節が seem の補部(補文)となっていると考えてみることにしよう。

(15) a. ＿ seem [*John* to be happy]
　　　　　　⇩ 繰り上げ
　　 b. *John* seems [*t* to be happy]

動詞 seem が表しているのは「ある事態が〜であるらしい」という意味であり、特定の名詞句が seem の主語として現れているとは考えられない。そのために D 構造(15a)では、seem の主語の位置が空になっている。空の主文主語の位置に補文の主語 John が移動していくと、(14b)/(15b)の S 構造が派生する。補文の主語を主文の主語の位置へ繰り上げるので、この移動を繰り上げ(Raising)と呼ぶ。(15a)の D 構造では、John と be happy で1つの節を構成し、それが seem の補部になっており、基本的に(14a)と同じ構造になっている((14a)でも主文主語が特別な意味を持たない非人称の it である点に注意)。そのために(15a)から派生した(14b)/(15b)は、(14a)とほぼ同義関係にあるのである。

(15a)のような D 構造を設けることの妥当性は、意味以外の点からも裏付けられる。例えば存在文の there は、存在を表す動詞(例えば be, exist など)の主語としてのみ現れる。ところが(16a)のような繰り上げ構文において

は、存在の there が be の主語としてではなく、seem の主語として現れている。これは there の出現に関する一般性(すなわち、存在を表す動詞の主語としてのみ現れる)に外れている。だが D 構造という抽象的な構造を仮定するならば、(16a)に対する D 構造として(16b)のような構造を設けることができる。(16b)では、there が存在動詞 be の主語の位置にあり、there の出現に関する一般性に適っている。

(16) a.　There seems to be another war in the near future.
　　 b.　__ seem [there to be another war in the near future]

　また、be 動詞に続く述語名詞の数は一般的に、その主語の数に基づいて決まってくる。主語が単数ならば述語名詞も単数、主語が複数ならば述語名詞も複数になる。しかしながら繰り上げ構文では、be 動詞の述語名詞の数が be 動詞の主語ではなく、主文動詞の主語の数に基づいて決まってくる。

(17) a.　He seems to be {a good scholar/*good scholars}.
　　 b.　They seem to be {good scholars/*a good scholar}.

D 構造を設けるならば、主文の主語は元々補文の主語の位置を占めていることになる。

(18) a.　__ seem [he to be {a good scholar/*good scholars}]
　　 b.　__ seem [they to be {good scholars/*a good scholar}]

D 構造では、be 動詞の主語が単数(he)ならば述語名詞も単数(a good scholar)、be 動詞の主語が複数(they)ならば述語名詞も複数(good scholars)に限定される。述語名詞の数が、その一般的な決定法に則って決定されるわけである。

さらに、(19)に含まれる the boot is on the other foot という語の連続は、1つの節としてまとまった場合に限り「事態は逆転している」という意味の熟語として解釈することができる。ところが(19a)のような繰り上げ構文では、問題の連続が1つの節としてまとまっていないにもかかわらず、依然として熟語の意味(「事態が逆転しているようだ」)で解釈することができる。この場合もD構造を仮定するならば、(19b)に示すように、the boot が補文の主語の位置を占めていることになり、全体が1つの節としてまとまっている。したがって熟語の意味で解釈することが可能になる。

(19) a. The boot seems to be on the other foot.
　　 b. ＿ seem [the boot to be on the other foot]

以上のような証拠からして、繰り上げ構文の主文主語は、元々(つまりD構造の段階では)補文の主語の位置にあったものと考えられる。補文主語の位置にある NP を主文主語の位置へ移動するために、繰り上げという移動操作が必要になる。

　繰り上げという操作は、補文 IP の指定部にある NP を主文 IP の指定部へ移動する操作である。ここでも、補文や主文の IP の指定部という構造上の情報にしたがって操作が行われている。繰り上げの操作も「構造依存の原則」に基づいて定義されている。

　もし繰り上げの操作が構造上の情報ではなく、例えば「to のすぐ左の語を移動する」というような単なる語の順番に基づいて定められるとしたならばどうであろうか。確かに(14b)や(15a)のように補文の主語(すなわち to の左側の要素)が1語である場合には、どちらの定義でも同じように適切なS構造を派生することができる。だが下記(20a)のように補文主語が複数の要素から成る NP である場合には、2つの定義の間で違いが生じてくる。(20a)で「to のすぐ左側の語」に該当するのは linguistics であり、その語だけを繰り上げたのでは(20b)のようなへんてこな文が派生してしまう。一方

「補文 IP の指定部にある NP」を繰り上げるならば、(20c)のような適格な文を派生することができる。

(20) a. ＿ seem [[the student who majors in linguistics] to be happy]
b. *Linguistics seems [the student who majors in *t*] to be happy.
c. [The student who majors in linguistics] seems *t* to be happy.

繰り上げという操作も、構造依存の原則にしたがい、構造上の概念を用いて定義されなければならない。

　以上のように、繰り上げは、補文 IP の指定部から主文 IP の指定部への移動と見るのが標準的な分析である。ところが第 1 章で、主語は元々は VP 指定部にあるという動詞句内主語仮説を見た(18–19 頁)。この仮説にしたがうと、主文主語は、下記(21)に見るように、D 構造では補文 VP の指定部にあり、それが、補文主語の位置へ(①)、さらに主文 VP の指定部へ(②)、そして最終的に主文主語の位置へ(③)と移動したものと考えられる。

(21)　They may [VP *t* seem [IP *t* to [VP *t* know the fact]]]
　　　　　　─③─　　　─②─　　　─①─

　こうした派生過程を裏付けるような証拠があるだろうか。あれば、動詞句内主語仮説が一層強化されることになる。下記(22)では、数量詞 all は複数代名詞 they から離れているが、「彼らは誰もが」というふうに解釈される。

(22)　They may [VP ＿ seem [IP ＿ to [VP *all* know the fact]]]
　　　　　　　　　　(c)　　　　(b)　　　　(a)

さらに(話者によっては)、同じ解釈の下で、(b)、(c)の位置にも all が現れることができる。数量詞 all は元々 they all のように they と一緒であったも

のが、派生の途中で「立ち寄った」所で切り離されて、その後 they だけが移動していくと仮定するならば、all が残されている場所が they が立ち寄った所ということになる。(22)の(a)(b)(c)いずれの位置にも all が現れ得るということは、(21)に見るように 3 か所の t の所に立ち寄ったということを物語っている。D 構造では、最初の t の位置、すなわち補文 VP の指定部に位置していたのである。

練習問題

1. 次の例文を繰り上げ構文に換えなさい。
   (a) It appears that they have finished the obligation.
   (b) It is likely that Jim will suffer the disease.
   (c) It happened that the picture Mary bought last year was burned in the fire.
2. 次に挙げた文も、全体で熟語となる。それぞれの意味を調べなさい。また主節の動詞として seem を用いて、それぞれの熟語を含む繰り上げ構文、およびその D 構造を示しなさい。
   (a) The cat is out of the bag.
   (b) The jig is up.
   (c) All hell broke loose.

3.3 島の制約

✼ WH 移動

英語の WH 疑問文では、文の中のいろいろな要素を質問の対象にすることができる。例えば、主語や、動詞の目的語、補語、前置詞の目的語、副詞的要素などを疑問詞にして、文頭に取り出すことができる。(23a)では主語が、(23b)では動詞の目的語が、(23c)では補語が、(23d)では前置詞の目的

語が、(23e)では副詞が、それぞれ疑問詞となって文頭へ移動されている。英語の疑問詞の多くはWHで始まるので、疑問詞を移動する操作のことを、WH移動 (WH Movement) と呼ぶ。

(23) a.　Who __ will leave?
　　　b.　What did he buy __?
　　　c.　What is he __?
　　　d.　What are you looking for __?
　　　e.　When will he leave __?

　WH移動は、名詞句の内部からその一部分を取り出して移動することもできる。(24a)では動詞の目的語の一部分を、また(24b)では前置詞の目的語の一部分を、それぞれ取り出している。

(24) a.　Who did he write [a story about __]?
　　　b.　Who are you looking for [a picture of __]?

　さらにWH移動は、元来従属節の中にある疑問詞を文頭へ取り出すこともできる。(25a)では主節のすぐ下の従属節から、また(25b)ではさらに深く埋め込まれた従属節の中から、取り出しが行われている。

(25) a.　What do you think [that John bought __]?
　　　b.　What do you think [that Bill said [that John bought __]]?

　これらの例からすると、WH移動は自由に、文中のさまざまな位置にある疑問詞を文頭へ移動することができるように思われる。だがWH移動が阻まれる場合がある。例えば、下記(26a)と(26b)を比べてみよう。どちらにおいても、疑問詞が従属節の中から文頭へ取り出されている。(25)で見

第 3 章　統語論（2）　51

たように、従属節の中から疑問詞を取り出すことが可能なはずであるが、従属節が主語の位置にある場合には疑問詞の取り出しが許されない（(26b)）。

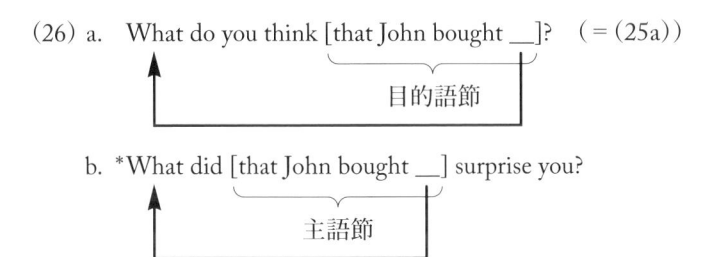

(26) a.　What do you think [that John bought ＿]?　（＝(25a)）

　　　　　　　　　　　　　　　　目的語節

　　b.　*What did [that John bought ＿] surprise you?

　　　　　　　　　　　　主語節

　次の(27a)と(27b)では、名詞句からその一部が取り出されている。すでに(24)で見たとおり、名詞句からの取り出しは可能なはずであるが、名詞句が主語の位置にある場合には名詞句からの取り出しが許されない（(27b)）。

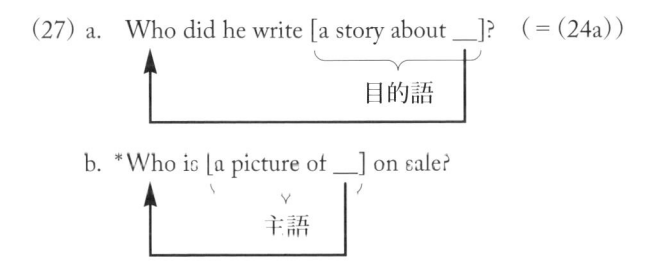

(27) a.　Who did he write [a story about ＿]?　（＝(24a)）

　　　　　　　　　　　　　　　　目的語

　　b.　*Who is [a picture of ＿] on sale?

　　　　　　　　　　　　主語

　(26b)と(27b)に共通していることは、取り出しが行われている構成素が主語の位置にあり、そのような構成素からWH移動が許されない、という点である。WH移動は原則的に節の中からも名詞句の中からも取り出しを行うことができるのであるが、それらの構成素が主語の位置にある場合には例外的に取り出しが阻まれるわけである。
　要素の移動を阻む構成素は、いわば海の中の「島」のようなものである。島の中からその外側へ移動を続けることができない。要素の移動を阻むよう

な構成素を島 (island) と呼ぶ。主語の位置にある構成素は主語の島 (Subject Island) という島を形成する。

同じようなことが副詞的な要素についても言える。副詞的な働きをしている節(副詞節)や前置詞句からも、疑問詞を取り出すことができない。

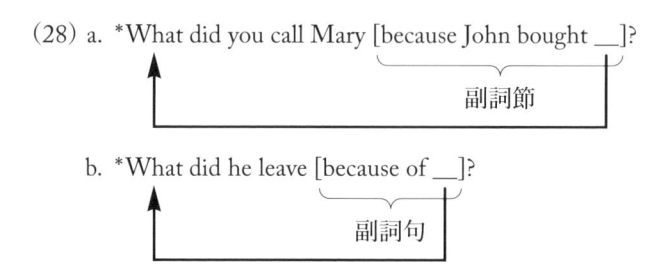

(28) a. *What did you call Mary [because John bought __]?
          副詞節

   b. *What did he leave [because of __]?
          副詞句

副詞的な要素は付加部の位置にあるので、付加部の島(Adjunct Island)と呼ばれる。

✂ 話題化

主語の島や付加部の島は、WH 移動という操作にのみ当てはまるのではなく、要素の移動を行う操作全般について当てはまる制約(移動を制約するので「制約」とか「制限」という)である。移動操作には WH 移動のほかに、例えば文中のある語句を文頭へ出して、その語句を文全体の「話題」にする話題化 (Topicalization) と呼ばれる操作がある。話題化も、目的語の位置にある節から句を取り出すことができる。

(29)   That car, everyone knows [that John gave __ to Mary].

だが、主語や付加部の位置にある構成素から要素を取り出して、話題化することはできない。話題化という移動操作にとっても、主語や付加部の位置にある構成素は島なのである。

(30) a. *That car, [that John gave __ to Mary] is clear.

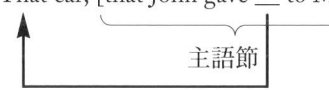

主語節

b. *That car, everyone was surprised [because John gave __ to Mary].

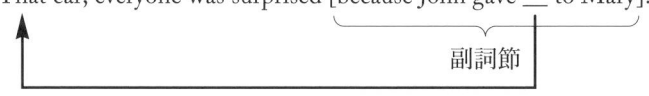

副詞節

✄ 島とXバー

では、どのような構成素が島を形成するのだろうか。島を形成する構成素にはどのような共通性があるのだろうか。

島を形成しない(24)や(25)の目的語の位置は、Xバー理論の用語を使えば、VPの補部に当たる。一方、島を形成する主語の位置は(D構造で)VPの指定部に当たり、副詞的要素はVPの付加部に当たる。

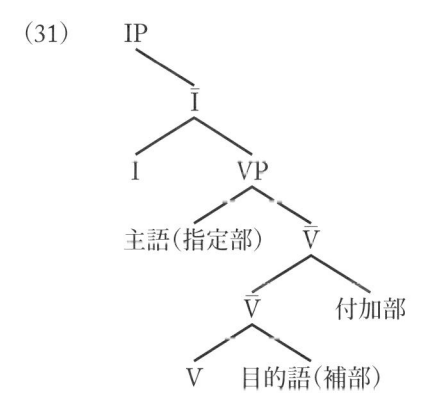

(31)
```
         IP
         |
         Ī
        / \
       I   VP
          /  \
    主語(指定部) V̄
              /  \
             V̄   付加部
            /  \
           V   目的語(補部)
```

前章で見たXバー原型を思い出してみよう。補部は主要部のすぐ隣の位置(このような関係を、補部は主要部と「姉妹関係」にあるという)にあるのに対して、指定部と付加部は主要部と姉妹関係にない。

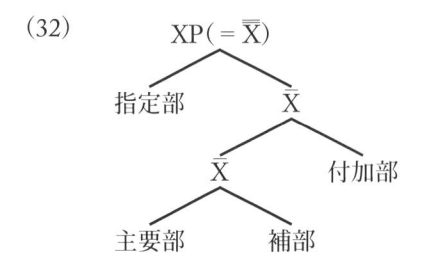

(32)
```
        XP(= X̄̄)
       /    \
     指定部   X̄
          /    \
         X̄    付加部
        /  \
      主要部  補部
```

　島を形成する指定部と付加部は、主要部と姉妹関係にないという点で共通している。そこで、「主要部と姉妹関係にない構成素が島を形成する」という具合に、Xバー原型に基づいて島になる構成素を定義することができる。1つの最大投射の中で補部は主要部のすぐ近くにあるのに対して、指定部や付加部はやや外れた位置にあり「離島」となるのである。構成素が島になるか否かということも、文の構造に基づいて決まってくる。

練習問題

1. 次の文の疑問詞を文頭へ取り出すと、どのような疑問文ができるだろうか。どの文が「島の制約」に違反することになるだろうか。
   (a) That he ate *what* is obvious.
   (b) Reading *which* book is important.
   (c) It is obvious that he ate *what*.
2. 次の関係節構文においても、関係詞がその先行詞の直後に移動しているものと考えられる。
   (a) The man [*who* Mary met __] is my best friend.
   関係詞の移動が、目的語節、主語節、副詞節の中から行われている例文を作りなさい。関係詞の移動についても島の制約が成り立つことを確かめなさい。

3.4　助動詞の振る舞い

✂ 3種類の助動詞

助動詞には、前章で見た will や can のような法助動詞(modal auxiliary)のほかに、do、does、did のような迂言的助動詞(periphrastic auxiliary)、完了の have や進行の be のような相助動詞(aspectual auxiliary)がある。

(33)　助動詞
- a. 法助動詞　　will　can　may　must　shall…
- b. 迂言的助動詞　do　does　did
- c. 相助動詞　　have　be

これらの要素はいずれも助動詞と呼ばれているが、では一体どのような点で助動詞として振る舞うのだろうか。

✂ 助動詞らしい振る舞い

学校文法で習った文法の中で、「助動詞」という用語に言及するような現象を思い出してみよう。

まず Yes-no 疑問文を作るときに、「主語と助動詞を倒置する」という具合に説明される。(33)に挙げた3種類の助動詞はいずれも主語との倒置の対象になる。

(34) a. *Will* he sing?
　　b. *Does* he sing?
　　c. *Is* he singing?

付加疑問文を作るときにも助動詞に言及する。主節の助動詞の肯定否定関係を逆転し、主語を代名詞に換えて、主節の後ろに続けると付加節が作られる。(33)の3種類の助動詞はいずれも付加節に現れる。

(35) a. John will sing, *won't* he?
　　b. John sings, *doesn't* he?
　　c. John is singing, *isn't* he?

　否定文における not の位置も、助動詞の位置と関係している。not が現れるのは、助動詞のすぐ後ろの位置である。

(36) a. He *will* not sing.
　　b. He *does* not sing.
　　c. He *is* not singing.

　こうした振る舞いにおける類似性からして、(32)に挙げた要素はいずれも助動詞という統語範疇にまとめることができる。ところが3つのグループの間に相違があることも、また事実である。
　まず(33b)の do、does、did は、(33a)(33c)の助動詞とは異なり、肯定平叙文では動詞の直前には現れない。

(37) a. He *will* sing.
　　b. *He *does* sing. / He sings.
　　c. He *is* singing.

　また(33c)の完了の have や進行の be は、その手前に別の助動詞がある場合には、(34)–(36)で見たような振る舞いを示さない。例えば進行の be の手前に will がある場合には、be は主語との倒置の対象にならないし((38a))、付加節の中に現れることもないし((38b))、否定の not の手前にも現れない((38c))。助動詞として振る舞うのは、法助動詞 will の方だけである。

(38) a. *Will *be* he singing?

    Will he *be* singing?

  b. *He will be singing, will *ben't* he?

    He will be singing, won't he?

  c. *He will *be* not singing.

    He will not *be* singing.

　(38)に見られる be 動詞の振る舞いは、助動詞の振る舞いというよりもむしろ本動詞の振る舞いである。本動詞(例えば went)は Yes-no 疑問文で主語と倒置しないし((39a))、付加疑問の中に現れないし((39b))、また否定 not の手前に現れることもない((39c))。

(39) a. **Went* he to London?

  b. *He went to London, *wentn't* he?

  c. *He *went* not to London.

　したがって(33c)の相助動詞は、助動詞として振る舞うこともあれば((34c))(35c)(36c)参照)、本動詞として振る舞うこともある((38a)–(38c)の2段目の3文を参照)。(33c)の相助動詞は、(33a)や(33b)の助動詞とは異なり、助動詞としての性質と本動詞としての性質を備えているのである。

　こうした(33)の3つのグループ間における相違は、どのようにしたならばうまく扱えるだろうか。

✄ 迂言的助動詞の源

　まず(37b)で見た問題(動詞の直前では do などが生じない)を考えてみよう。この問題は、do など(33b)の迂言的助動詞の源を考えることでもある。

　第2章で、IP の主要部 I の所には法助動詞かまたは時制要素——現在時制の *Present* か過去時制の *Past*——のいずれかが選ばれることを見た(27–28

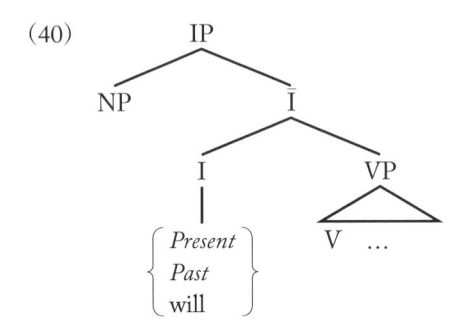

(40)
```
         IP
        /  \
       NP   Ī
           / \
          I   VP
         {Present}  /\
         {Past  } V ...
         {will  }
```

　時制要素は、法助動詞とは異なり、単独で現れることができずに、必ず動詞に付加して現れる。必ず何かほかの要素に付加して生じるような要素を接辞(affix)という(第4章を参照)。時制要素は接辞の一種であり、動詞と直接隣接している場合に動詞の右側に付加するものと考えられる。

　時制要素が動詞に付加することにより、動詞が時制変化をする。時制要素が *Present* であるならば、動詞の右側に付加して動詞が現在形となる。*Past* であるならば、動詞の右側に付加して動詞が過去形となる。

(41) a.　*Present* look　→　look + *Present*　→　look*s*
　　 b.　*Past* look　　→　look + *Past*　　→　look*ed*

　ところが時制要素が動詞に直接隣接していない場合には、動詞への付加が阻(はば)まれる。Yes-no 疑問文では、助動詞である時制要素が主語の手前に倒置され、その結果時制要素は動詞に直接隣接しないことになる。

(42)　$\begin{Bmatrix} Present \\ Past \end{Bmatrix}$　NP　V
　　　　　　　└──×──┘
　　　　　　　　　付加

また否定文では、時制要素と動詞との間に否定要素 not が介在しており、やはり時制要素は動詞に隣接していない。

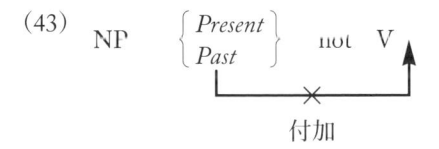

(43)　NP　$\begin{Bmatrix} Present \\ Past \end{Bmatrix}$　not　V
　　　　　　　　　└──×──┘
　　　　　　　　　　　付加

　Yes-no 疑問文や否定文では、時制要素は動詞に付加することができずに「宙ぶらりん」の状態になっている。時制要素は接辞であり一人立ちできないので、それが付加する相手(あるいは、それを支える要素)、つまり「動詞の代用」が必要である。そこで「代用動詞」として、特定の意味を持たない do が導入される。時制要素 Present が do に付加すれば do の現在形(do または does)が、時制要素 Past が do に付加すれば do の過去形(did)が生じる。do、does、did といった(33b)の迂言的助動詞は、時制要素が「宙ぶらりん」である場合——すなわち時制要素が動詞に隣接していない場合——に導入された「代用動詞」が時制変化したものにほかならない。
　(33b)の助動詞は、したがって、時制要素が動詞に隣接しないような場合——(34)や(35)のように主語の手前に倒置されている場合や、(36)のように not によって動詞から切り離されている場合——に限り生じる。時制要素が動詞に隣接している場合には、動詞に付加するので代用動詞である do が導入されることはない。そのために、(37)で見たとおり、肯定平叙文では do, does など(33b)のグループの助動詞が生じないのである。

✂ 相助動詞の二面性

今度は(33c)の相助動詞(完了の have や進行の be)が、助動詞と本動詞の両方の性質を持っているという点(55–57 頁)について考えてみよう。

(38)で相助動詞は、その手前に will などの法助動詞がある場合に、助動詞が関与する現象に関して助動詞としてよりも本動詞として振る舞うことを見た。相助動詞の本動詞らしい振る舞いは、VP 削除(VP Deletion)と呼ばれる操作にも見ることができる。VP 削除というのは、動詞句 VP が繰り返されるときに重複を避けるために、反復されている VP を削除する操作である。(44a)では [　] の部分が繰り返されており、(44b)では反復部分が削除されている。

(44) a.　John will [play football], and Bill will [play football], too.
　　 b.　John will [play football], and Bill will ＿＿, too.

下記(45a)は未来進行形であり、括弧の部分が反復されている。本動詞と目的語だけを削除することも((45b))、進行の be を一緒に削除することもできる((45c))。

(45) a.　John will [be playing football], and Bill will [be playing football], too.
　　 b.　John will be [playing football], and Bill will be ＿＿, too.
　　 c.　John will [be playing football], and Bill will ＿＿, too.

VP 削除は繰り返されている VP を削除するのであるから、(45b)からすると playing football が VP、また(45c)からすると be playing football が VP ということになる。つまり play も VP の主要部であり、また進行の be も VP の主要部であると見なければならない。相助動詞を含む文には 2 つの VP が現れていることになる((46)では VP の中身が簡略化してある)。

(46)
```
        Ī
       / \
      I   VP₁
      |   / \
     will V   VP₂
          |   / \
          be  V   NP
              |    |
          playing football
```

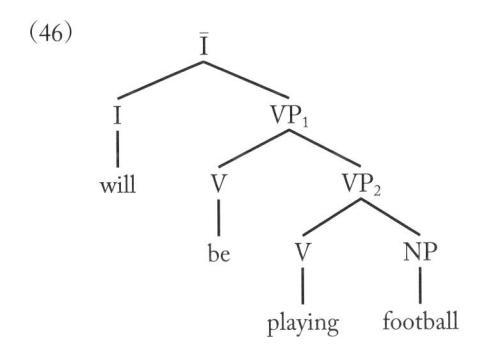

　(46)の内側の VP₂ が VP 削除されれば(45b)が、一方外側の VP₁ が VP 削除されれば(45c)が派生する。
　相助動詞が元来 VP の主要部(本動詞)の位置にあるとなれば、本動詞として振る舞うのは当然である。説明を要するのはむしろ、助動詞的な性質である。
　相助動詞が助動詞として振る舞う場合と、本動詞として振る舞う場合を整理してみよう。助動詞として振る舞うのは、(34) - (36)のように相助動詞の手前に法助動詞がない場合であり、本動詞として振る舞うのは(38)(45)のように相助動詞の手前に他の助動詞がある場合である。
　そこで相助動詞の have や be は、I の所に法助動詞があれば VP の主要部の所に留まっており、I の所が空いていればそこへ移動していくと考えることができる。上記(46)では I の所に will があるので、相助動詞の be は V のところに留まっている。そのために手前に法助動詞がある場合には、相助動詞は本動詞として振る舞うのである((38)の例文を参照)。
　一方 I の所に法助動詞がなければ、相助動詞が V の所から I の所へ移動していく。その結果、助動詞としての資格を獲得するようになる。そのために、法助動詞がない場合に限り、have や be は助動詞として振る舞うのである((34) - (36)参照)。

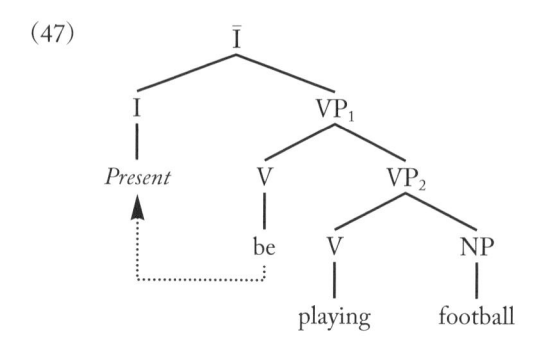

(47)
```
           Ī
          / \
         I   VP₁
         |   / \
      Present V  VP₂
         ↑   |  / \
         |   be V   NP
         |      |   |
         └──────┘ playing football
```

相助動詞の移動を仮定することによって、法助動詞がある時には本動詞として振る舞い、ない時には助動詞として振る舞うという、相助動詞の二面性を説明することができる。相助動詞は場合によって、D構造で占めている位置(VPの主要部V)とS構造で占めている位置(IPの主要部I)とが異なっているのである。

練習問題

1. 次の文について、Yes-no疑問文、付加疑問文、否定文を作りなさい。
   (a) The girls can lift the heavy box.
   (b) The lions died.
   (c) They will have been being examined.
2. 完了進行形の文(He has been singing)では、2つの相助動詞のうち、完了のhaveは助動詞として振る舞い、進行のbeは本動詞として振る舞う。そのことを、Yes-no疑問文、付加疑問文、否定文などで確かめなさい。またこれらの助動詞のD構造における位置を樹形図で図示しなさい。さらにどのような操作が加えられると仮定すれば、2つの助動詞の振る舞いを説明することができるだろうか。

3. 本文中では、下記(a)に含まれている繋辞の be(copular *be*)については触れなかった。

 (a) Tom is tired.

繋辞の be が、(イ)法助動詞の後ろに現れた場合、(ロ)完了の have や進行の be の後ろに現れた場合、(ハ)単独で現れた場合、それぞれについて Yes-no 疑問文、付加疑問文、否定文を作りなさい。

本章の要点

 私たちが実際に聞いたり見たりする文の背後には、その文に関するより抽象的な構造があるものと考えられる。実際に見たり聞いたりする文の構造を S 構造、その背後にある抽象的な構造を D 構造という。D 構造を仮定することにより、多様な S 構造との相互関係を捉えることが可能になる。D 構造は、基本的に、前章で見た X バー原型で作られる構造である。

 抽象的な D 構造を具体的な S 構造に関係付けるには、要素を移動したり削除するといった操作が必要である。こうした操作、および前章で見た X バー原型の組み立ては、NP とか WH 句とか、主要部の語とかいった特定の要素(記号)に対して規則にしたがって行われる操作、と見ることができる。規則にしたがった記号操作を計算(computation)と呼ぶならば、脳内のことばの営みは「記号の計算」と見なすことができる。

第4章　形態論

4.1　語の構成要素

　Boy も boys も boyish も boyfriend も、それぞれ1つの語である。だが boy は「基本的な」語であるのに対して、boys や boyish、boyfriend などは boy と関係した「関連語」のような感じがする。

　Boys や boyish、boyfriend などの語の場合、boy という基本語に何かほかの要素が付け加わっている。1つの語が複数の要素から成り立っているのである。そうだとすると1つの語は、語よりももっと小さな要素に分けられるということになる。形態論は、語を構成する要素の種類やそれらの要素の結合法を明らかにする領域である。

✂ 形態素

　(1)に挙げた語はそれぞれ意味が異なっているが、部分的に共通したところがある。どのような点で共通しているだろうか。

（1）　unhappy　unkind　unlikely　unlucky

いずれの語にも un- が付いており、それが原因となって「～ではない」という否定の意味を表わしている。これは un- が、語を構成する1つの要素であり、「～ではない」という独自の意味を持っているからである。独自の意味を持つ語形成上の単位を、形態素（morpheme）という。unkind という語は un- と kind という2つの形態素から構成されており、unkind にさらに -ness

が付いている unkindness という語は、un-、kind、-ness という 3 つの形態素から構成されている。

　Un- と kind は共に形態素であるが、どこか違うように感じられる。kind は、He is kind のようにそれだけで語として生じることができるが、un- の方は単独では生じることができずに、常に別の語に付着していなければならない。それ自体で 1 つの語になり得る形態素を自由形態素(free morpheme)、他の語に付着しなければならない形態素を拘束形態素(bound morpheme)という。拘束形態素は接辞(affix)とも言われる。

　自由形態素は、語彙的形態素(lexical morpheme)と機能的形態素(functional morpheme)とに分けられる。語彙的形態素は、名詞や動詞、形容詞、副詞などに属する形態素であり、個々の語の意味内容がはっきりとしているので内容語(content word)とも呼ばれる。また、新たなメンバーが加わる可能性があるような統語範疇に属している。新しくできる語(新造語)はいずれも語彙的形態素である。一方機能的形態素は、前置詞や冠詞、代名詞、副詞的不変化詞(particle)、接続詞などのような個々の語の意味がやや不鮮明な形態素であり、新たなメンバーが加わる可能性のない統語範疇に属している。例えば前置詞ならば(教え方にもよるが)約 40 語程度に固定しており、新しい語が新たにつけ加わる可能性がない。

　拘束形態素は、屈折接辞(inflectional affix)と派生接辞(derivational affix)の 2 種類に分けられる。屈折接辞は、名詞の複数形を作る -s や、動詞の三単現の -s、過去形の -ed、形容詞の比較級の -er、最上級の -est のように、文法上の変化をもたらす形態素のことを指す。一方、派生接辞は、(1)で見た un- や -ness のように、別の語を派生する形態素のことを指す。屈折形態素が付いた語は、辞書に独立した項目として掲載されていないが、派生形態素が付いた語は、1 つの独立した語として掲載されている。

(2)

```
            ┌ 自由形態素 ┬ 語彙的形態素
            │          └ 機能的形態素
形態素 ┤
            │          ┌ 屈折形態素
            └ 拘束形態素┴ 派生形態素
```

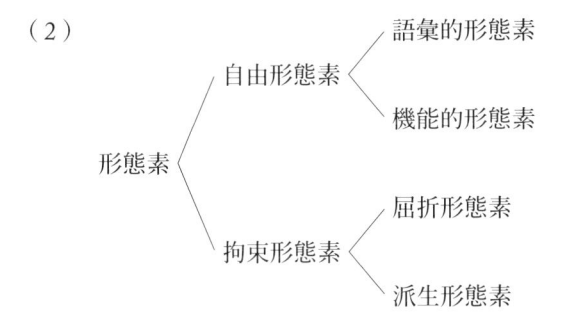

　(2)の自由形態素と拘束形態素の中間に、自由形態素のように意味内容がはっきりしているが、拘束形態素のように独り立ちできない拘束語根(bound root)というのがある。例えば stimulate、stimulable、stimulant の stimul- は 3 語に共通しており、いずれも「刺激」の意味を持っている。一方 -ate や -able、-ant は、origin-ate や wash-able、assist-ant のように動詞や形容詞、名詞を作る派生形態素である。したがって stimulate ならば stimul- と -ate に分けられるが、stimul- は独り立ちすることができない。語根(本頁のすぐ下を参照)でありながら独り立ちできないので拘束語根という。bio-logy や bio-rhythm の bio-、circul-ar や circul-ate の circul- も拘束語根の例である。

✂ 接辞

　接辞(拘束形態素)は、語の中心となる語基(base)の前に生じるか後ろに生じるかによって、それぞれ接頭辞(prefix)、接尾辞(suffix)と呼ばれる。派生接辞のうち、un- のような語の頭に生じる接辞は接頭辞、 -ness のような語の末尾に生じる接辞は接尾辞である。一方、屈折接辞は、英語では、いずれも語の末尾に生じるので、一様に接尾辞である。

　語基(base)とよく似た用語に語幹(stem)と語根(root)と呼ばれるものがある。語基は屈折や派生の基になる語のことを指すのに対して、語幹は屈折の基になる形態素のことを、語根は接辞が一切付いていない形態素のことを指

す。teach は語根でもあり、teaches など屈折形および teacher など派生語の語基でもある。teacher は(すでに接尾辞が付いているので)語根ではないが、teachers という屈折形の語基であり、語幹でもある。teacher はまた、派生語 teacherly(教師らしい)の語基であるが、この場合、屈折形の基になっているわけではないので、語幹とは言わない。

　名詞の複数形を作る屈折接尾辞には、-s(例:boys)、-es(例:dishes)、-en (例:oxen)のようにいくつかの違った形がある。これらはいずれも「複数」という意味を表しており、同じ形態素の変種形と見ることができる。1つの形態素の変種を、異形態(allomorph)と呼ぶ。異形態は互いに分布が重なり合わないように「棲み分け」をしている。複数形の異形態 -s、-es、-en ならば、-s が現れるような環境(例えば boy の後ろ)には -es、-en が現れず、-es が現れる環境(例えば dish の後ろ)には -s、-en が現れず、また -en が現れる環境(例えば ox の後ろ)には -s、-es が生じない。このような分布の仕方を、相補分布(complementary distribution)という。

練習問題

1. 次の語は語彙的形態素か、機能的形態素か。
　　(a) this　　(b) wide　　(c) out　　(d) food
　　(e) grunt　　(f) in　　(g) him　　(h) reluctant
2. 次の文に含まれている語句を形態素に分けなさい。自由形態素については語彙的か機能的か、また拘束形態素については屈折接辞か派生接辞かを答えなさい。
　　(a)　He is now calling Mary's sister in his room.
　　(b)　Students must have submitted papers by next week.
　　(c)　Fish are swimming in the winding river.
3. 次の語を形態素に分け、自由形態素については語彙的か機能的か、また拘束形態素については屈折接辞か派生接辞かを答えなさい。ま

た、それぞれの拘束形態素が担っている意味について考えなさい。
    (a) unpredictability (b) players (c) denationalization
    (d) anti-Giants (e) enlargement
 4. 次の対に含まれている形態素は同じ形をしているが、屈折接辞か派生接辞かの点で相違している。それぞれいずれの接辞と見なすことができるか。また、その理由を考えなさい。
    (a) I am handl*ing* baggages carefully.
        Careful handl*ing* is required.
    (b) He is pleas*ed* by them very much.
        He seems very pleas*ed* with the news.

4.2 派生

　語基(語の基になる形態素)に派生接辞が付くと、語基とは品詞や意味が異なる語ができる。このような新しい語の作り方を、派生(derivation)という。派生接辞とは、派生というプロセスに用いられる接辞という意味である。

　派生接辞には語基の品詞を変えるものと変えないものがある。接頭辞のうち dis-(例：disable)や en-(例：enlarge)などは品詞を変えるが、un-(例：unlucky)や mini-(例：miniskirt)、pre-(例：premature)などは品詞を変えない。また接尾辞でも、-ful(例：faithful)や -able(例：readable)、-ize(例：dramatize)などは品詞を変えるが、-ess(例：lioness)や -let(例：booklet)などは品詞を変えない。

✂ 語の構造

　Unfaithful という語は接頭辞 un-、語基 faith、接尾辞 -ful という3つの形態素から構成されているが、これらの形態素はただ横に一列に並んでいるだけではない。3つの形態素のうち、まず2つが結び付き、その結果できたま

とまりに、残りの1つが結び付く。句や文の統語構造と同じように、1つの派生語の内部にも階層構造が潜んでいるのだ。

　派生語の内部にも階層構造が成り立つのは、派生接辞が付くことのできる相手の語基の品詞が決まっているからである。un- ならば形容詞に、また -ful ならば名詞に付くことができる。したがって、-ful は名詞 faith に付くことができるが、un- は名詞 faith に付くことができない。そこで、まず -ful と faith が一緒になって faithful という形容詞ができる。形容詞になれば、それに un- が付着できるようになる。unfaithful という語は(3)のような構造を持っていることになる。

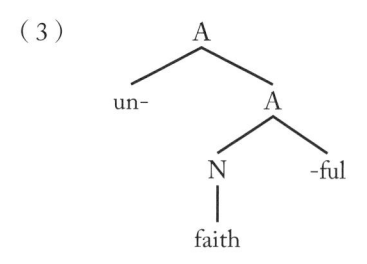

(3)　　　　　A
　　　　　／＼
　　　un-　　A
　　　　　／＼
　　　　　N　-ful
　　　　　｜
　　　　faith

　主な派生接辞について、それが付着できる相手の品詞を整理しておこう。(4a)は名詞を作る接尾辞、(4b)は動詞を作る接尾辞、(4c)は形容詞を作る接尾辞、(4d)は接頭辞の例である。用例の前の V、N、A は付着する相手の品詞を示している。

(4) a.　-al　　V (arrival　refusal)
　　　　-er　　V (runner　speaker)
　　　　-ist　　A (romanticist　fundamentalist) または
　　　　　　　 N (Marxist　revisionist)
　　　　-ment　V (assessment　treatment)
　　　　-ness　A (happiness　kindness)

　　　　-(a)tion　V（exploration　foundation）
　b.　-en　　　A（blacken　soften）
　　　-ize　　 N（computerize　hospitalize）または A（realize　legalize）
　c.　-able　 V（changeable　eatable）
　　　-ic　　 N（economic　parasitic）
　　　-ful　　 N（beautiful　careful）または V（forgetful　resentful）
　　　-ive　　 V（connective　passive）
　d.　anti-　 N（anti-war、anti-abortion）または
　　　　　　　 A（anti-scientific、anti-capitalistic）
　　　dis-　　「～ではない」の意味　A（dishonest　dispassionate）
　　　　　　　「反対の動作」の意味　V（discharge　disconnect）
　　　mis-　　 V または N（mismatch　miscount　misprint）
　　　un-　　 「～ではない」の意味　A（unkind　unnecessary）
　　　　　　　「反対の動作」の意味　V（unlock　unbutton）
　　　in-　　 A（incomplete　intolerable）
　　　re-　　 V（reuse　recycle）

　(4)に示した「相手の選択」制限を念頭に入れて、今度は unhappiness の構造を考えてみよう。この語も(3)の unfaithful と同様に、3つの形態素から成っており、しかも un- という接頭辞を含んでいる。-ness は形容詞に付くので、①まず語基の形容詞 happy と接尾辞 -ness が一緒になって happiness ができ、それに接頭辞 un- が付いているという可能性と、②まず接頭辞 un- と語基 happy が一緒になって unhappy という形容詞ができ、その形容詞に接尾辞 -ness が付いているという可能性が考えられる。どちらでも -ness が形容詞に付いており、(4a)に示した -ness が付着できる条件を満たしている。①が正しいとすれば unhappiness の構造は(5a)のようになり、②が正しければ(5b)のような構造になる。どちらの方が正しいだろうか。

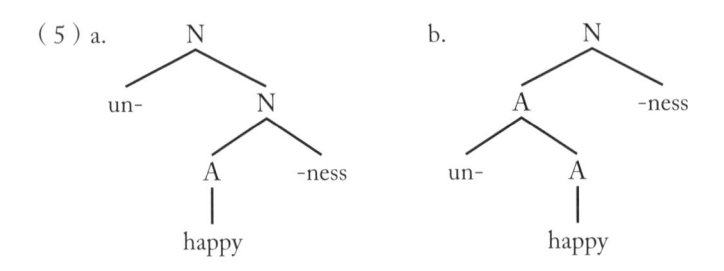

(5) a.
```
        N
       / \
     un-  N
         / \
        A  -ness
        |
      happy
```
b.
```
         N
        / \
       A  -ness
      / \
    un-  A
         |
       happy
```

　(5a)のようにまず happiness という名詞を作ってしまうと、その名詞に un- が付くことができない。接頭辞 un- が付着できるのは、(4d)に見るように形容詞に限られているからである。一方(5b)のような付着の順番を採れば、接頭辞 un- は形容詞 happy に付くことができるし、接尾辞 -ness は(4a)に見るように形容詞に付くことができるので、形容詞 unhappy に付着できる。したがって、unhappiness は(5b)のような構造を持っていることになる。unfaithful と unhappiness には共に un- が含まれているが、それが語の内部で付着する順番が異なっているのである。前者では un- が派生語の形容詞に付いているのに対して((3)参照)、後者では語根の形容詞に付いている((5b)参照)。

　今度は reorganize と reproduction という語を比較してみよう。両方に含まれている「再び」という意味の接頭語 re- は、(4d)に見るように動詞にのみ付くことができる。reorganize の語基 organ は名詞なので、これに re- が付くわけにはいかない。一方動詞を作る接尾辞 -ize は(4b)にみるように名詞に付くことができるので、まず名詞 organ に -ize が付いて organize という動詞ができ、その動詞に対して re- が付くという順番であれば、(4b)も(4d)も満たすことになる。

第 4 章　形態論　73

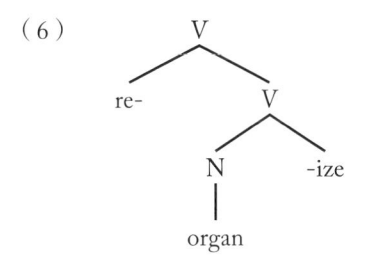

(6)
```
        V
       / \
     re-  V
         / \
        N  -ize
        |
      organ
```

　これに対して reproduction の場合には、接尾辞 -tion が動詞に付くので、①まず -tion が語基の動詞 produce に付いて production ができ、それに re- が付くという可能性と、②まず re- と語基の動詞 produce が一緒になって reproduce という動詞ができ、その派生動詞に対して -tion が付くという 2 つの可能性が考えられる。どちらにおいても -tion が動詞に付いており、この接尾辞が付着できる条件(4a)を満たしている。①が正しいとすれば reproduction の構造は(7a)のようになり、②が正しければ(7b)のような構造になる。

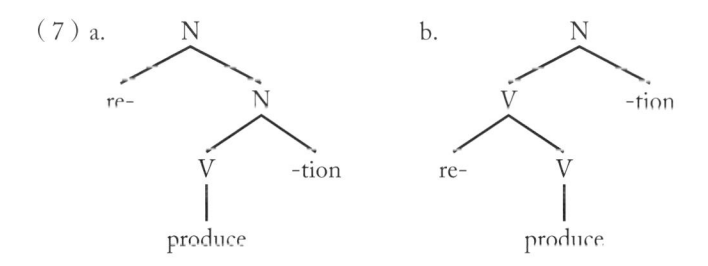

(7) a.
```
           N
          / \
        re-  N
            / \
           V  -tion
           |
        produce
```
b.
```
           N
          / \
         V  -tion
        / \
      re-  V
           |
        produce
```

①の可能性を採ると、最初に production という名詞ができるが、この名詞に対して接頭辞 re- が付着できない。re- が付着できるのは、(4d)に見るように、動詞に限られているからである。一方②の可能性を採るならば、re- と語基の動詞 produce がまず一緒になって reproduce が派生する。この派生語はやはり動詞であるので、(4a)に見るように、動詞に対して接尾辞の

-tion が付着できる。接頭辞 re- も接尾辞 -tion も、付着可能な相手に対して付いている。したがって reproduction は(7b)の構造を持っていることになる。

(3) – (7)の図から明らかなように、1つの語が複数の形態素から構成されている場合にはそれらの形態素がただ一列に並んでいるのではなく、「構成素」を作り、階層を形成しながら結び付いている。語の内部でも、前章でみた句や節、文などと同じように構造が成り立っているのである。

練習問題

1. anti-denationalization という派生語には6つの形態素が含まれている。まず6つの形態素に分け、次に本文(4)を参考にしながら、それぞれの形態素の結び付き具合を(3)、(5) – (7)で見たような図で示しなさい。特に de- や -ation、anti- などの結合順序に気を付けなさい。de- は decentralize のように名詞から派生した動詞に付く。

2. 接頭辞 extra- は形容詞に付くことに注目して、次の2語の構造を示しなさい。
   （a） extra-physical　　（b） extra-linguistically

3. 次の接辞が付く対象の品詞は何であろうか。さらに、それらが付いている語の例を追加しなさい。
   （a） -en:　redden　whiten
   （b） -ment: amusement　involvement
   （c） -ful:　beautiful　harmful
   （d） mis-:　miscopy　misfortune
   （e） in-:　independent　inglorious

✂ 派生の条件

派生というプロセスはたいへん「生産的」であり、多くの派生接辞は 70 –

第 4 章　形態論　75

　71 頁の (4) に示したような条件を満たしていればいろいろな語基に付いて、新しい派生語を作り出すことができる。例えば「〜する人」とか「〜するもの」などの意味を表す -er とか -or という接尾辞は、(4a) で見たように動詞に付着することができ、さまざまな動詞に付いて新しい語を次々に作り出すことができる。だが動詞ならばどのような動詞にでも付くことができるわけではない。(8a) のような派生語は可能だが、(8b) のような語は不可能である。(8a) と (8b) の間にはどのような相違があるだろうか。

(8) a.　eater　drinker　driver　calculator　taker　digger　undertaker...
　　 b.　*seemer　*die-er　*exister　*ariser　*occurrer　*happener...

　(8a) の語基である動詞は、主語として行為者 (agent) を表す NP を取るような行為動詞 (agentive verbs) である（「行為者」については、§6.3 を参照）。一方 (8b) の語基の動詞は、主語として行為者を表すような NP を取らない。接尾辞 -er は行為動詞にのみ付くことができる。
　接尾辞 -able も、(4c) で見たように動詞に付くことができるが、この場合もどのような動詞にも付くことができるわけではない。eatable とか calculable などは可能だが、smilable や resemblable などは英語の語ではない。辞書で -able という接尾辞を引いてみると「that can be V-ed」というような訳が当てられている。-able には受動の意味が含まれているのである。したがって -able が付き得るのは、基本的に、受動形にすることができるような他動詞に限られる。smile, go, cry, swim のような自動詞には付かない。また他動詞であっても resemble、weigh、cost のような受動形にすることができない動詞には付かない。

練習問題

1.　know (知っている)、see (見える)、feel (感じる) などは通常行為動

詞ではないので、次のような派生名詞はあまり使われない。

  knower seer feeler taster

しかし少し大きめの辞書にはこれらの派生語が載っている。それらの意味を調べ、なぜ -er 形の派生名詞が可能なのか考えなさい。
2. 接尾辞 -hood も生産的であり、いろいろな語に付くことができる。だが下記(a)のような派生語は可能であるが、(b)のような派生語は英語の語ではない。語源が示されている辞書でそれぞれの語基の語源を調べ、可能な場合とそうでない場合の相違を考えなさい。

 （a）boyhood girlhood brotherhood sisterhood manhood
   kinghood childhood…
 （b）*judghood *ministerhood *authorhood *directorhood
   *governorhood…

4.3　複合

✂ 複合語と句

　辞書には darkroom（暗室）や blackboard（黒板）、greenhouse（温室）などは載っているが、dark room（暗い部屋）、black board（黒い板）、green house（緑の家）などは載っていない。なぜなのだろうか。

　辞書に掲載されているのは、基本的に語に限られる。したがって darkroom などのグループは、2 つの自由形態素から成る 1 つの語ということになる。2 つ以上の自由形態素から成る語を複合語（compound word）という。一方、dark room などのグループは修飾語と被修飾語から成る句である。句は原則的に、辞書に掲載されていない。

　句と複合語とはいくつかの点で相違している。まず意味の点では、句の場合は概ね、それを構成して語の意味を「加算」することによって全体の意味が決まってくる。dark room ならば「暗い」という意味と「部屋」という意味を足し算することによって、名詞句全体の意味が決まる。一方複合語

darkroom の意味は、それを構成している 2 つの形態素の意味を単純に加算したものではなく、「写真の現像のために使う部屋」というような、その語に固有な意味がある。照明がついていて明るくても暗室であることに変わりがないのであるから、dark の本来の意味(「暗い」)は darkroom の定義に直接的に関わってはいない。

発音の点では、句の場合には最も強い強勢(アクセント)が後の形態素に置かれるのに対して(dark róom、green hóuse)、複合語の場合には前の形態素に置かれる(dárkroom、gréenhouse)。したがって English téacher(イギリス人教師)は名詞句、Énglish teacher(英語教師)は複合語である。

また統語論の点では、句を構成するそれぞれの形態素は語としての独立性を維持しているが、複合語を構成する前の形態素は語としての独立性を失っている。例えば句の場合には、dark room に含まれる形容詞 dark を比較級にして darker room(より暗い部屋)としたり、dark に強意語の very を付けて very dark room(たいへん暗い部屋)とすることができる。だが複合語の場合には、「より暗室らしい部屋」という意味を表すのに *darkerroom とするわけにはいかないし、「たいへん暗室らしい部屋」という意味で *very darkroom などと表現することもできない。

✲ 複合語の主要部

複合語を構成する複数の形態素のうち、意味の中心となり、全体の品詞を決定する形態素を、その複合語の主要部(head)と呼ぶ。darkroom は意味的に部屋の一種であり、品詞は名詞である。これは room が、この複合語の主要部であるからである。

複合語の主要部になれるのは、名詞、形容詞、動詞といった語彙的形態素の属する統語範疇——つまり、新しいメンバーを増やすことができる統語範疇——である。主要部と一緒に生じる要素(非主要部)の品詞は、名詞、形容詞、動詞、前置詞などさまざまである。まず主要部が名詞である例を見てみよう。

(9)

主要部＼非主要部	N	A	V	P
N	motorcar（自動車） catfish（ナマズ）	wetsuit（ウェットスーツ） greenhouse（温室）	paymaster（会計課長） call girl（コールガール）	undergraduate（学部学生） afternoon（午後）

次に主要部が動詞である複合語の例を見てみる。

(10)

主要部＼非主要部	N	A	V	P
V	bird-watch（野鳥観賞する） brain-wash（洗脳する）	dry-clean（ドライクリーニングする） whitewash（しっくいを塗る）	drop-kick（ドロップキックする） break-dance（ブレークダンスをする）	overestimate（過大評価する） underlie（背後にある）

次例は、主要部が形容詞である複合語の例である。

(11)

主要部＼非主要部	N	A	P
A	worldwide（国際規範の） carefree（気軽な）	light green（薄緑色の） dark blue（紺青の）	overcrowded（超満員の） overmature（盛りをすぎた）

いずれの場合も、主要部の品詞に基づいて複合語全体の品詞が決まっている。主要部がNであれば非主要部が何であれ、複合語全体がNとなり((9))、主要部がVであれば複合語全体がVとなり((10))、主要部がAであれば複合語全体がAとなる((11))。

(9)–(11)で共通しているのは、語の品詞の決定に与っている主要部が、右側に現れているという点である。主要部が右側に現れる原則を、右側主要部の原則(Righthand Head Rule)と呼ぶ。複合語では一般に右側主要部の原則が成り立つ。

3つ以上の形態素を含む複合語では、まず2つの形態素で小さな複合語を作り、それにもう1つの形態素が付いてさらに大きな複合語ができる。最初の小さな複合語を作る際にも、次に大きな複合語を作る際にも、右側の要素が主要部となる。(12)では、まず形容詞blackと名詞boardが結び付いて複合名詞blackboard(黒板)ができる。右側のboardが主要部となり、複合語の品詞が名詞になっている。この小さな複合語の右側に、さらに名詞eraserが付いて複合名詞blackboard eraser(黒板消し)ができる。今度はeraserが主要部となる。小さな複合語においても、大きな複合語においても、右側の要素が主要部となっており、複合語の品詞を決定している。

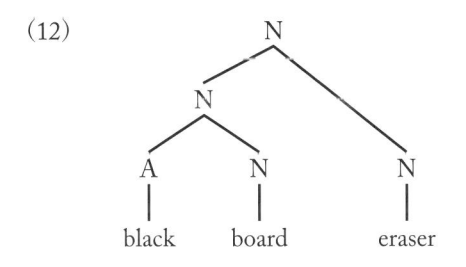

(12)

```
          N
         / \
        N   \
       / \   \
      A   N   N
      |   |   |
    black board eraser
```

下記(13)では、まず形容詞softと名詞wareが一緒になって複合名詞software(ソフトウェア)ができる。次にその複合語の左側に名詞computerが付いて複合名詞computer software(コンピュータのソフトウェア)ができる。初

めにできた複合語(software)が右側に現れるので、それが全体の主要部の役割を果たしている。

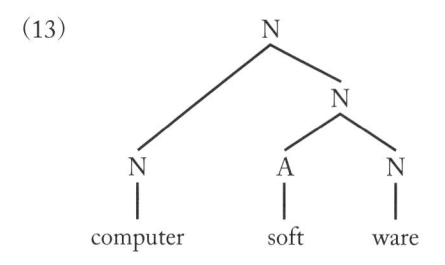

(13)

```
            N
           / \
          /   N
         /   / \
        N   A   N
        |   |   |
     computer soft ware
```

複合語の中に別の複合語が含まれているといった複雑な複合語においても、主要部が右側の位置を占めるという右側主要部の原則が遵守されている。

✂ 派生語の主要部

　複合語に課せられた右側主要部の原則との関係で、もう一度派生語に戻ってみよう。派生接辞の中には、(4a)(4b)(4c)で見たとおり、語基の品詞を代えるものがある。-(a)tion は動詞に付いて名詞を作り、-ize は名詞や形容詞に付いて動詞を作り、また -ic は名詞に付いて形容詞を作る。

(14) a.　-(a)tion:　aspire – aspiration　　create – creation　　dominate – domination
　　 b.　-ize:　　 hospital – hospitalize　American – Americanize　real – realize
　　 c.　-ic:　　　alcohol – alcoholic　　economy – economic　　Arab – Arabic

　これらの派生語では派生接辞が語の右側に現れており、それが語全体の品詞を決定している。先に複合語を見た際に、語全体の品詞を決定している要素が、語の主要部であると定めた。この定義を派生語にも当てはめるならば、派生語でも、右側に現れている要素——すなわち、派生接辞——が、全体の品詞を決定しているのであるから、主要部であるということになる。

派生接辞にも、自由形態素と同様に品詞の区別があり、その品詞に基づいて派生語の品詞が決定するのである。-(a)tion は名詞、-ize は動詞、また -ic は形容詞という範疇に属する。

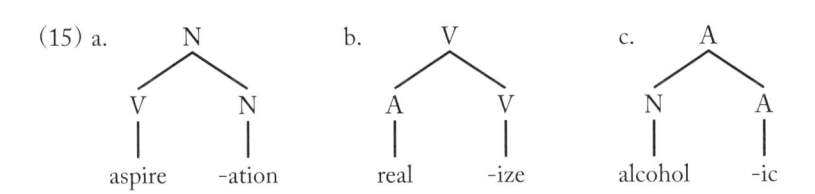

(15) a.
```
    N
   / \
  V   N
  |   |
aspire -ation
```
b.
```
    V
   / \
  A   V
  |   |
 real -ize
```
c.
```
    A
   / \
  N   A
  |   |
alcohol -ic
```

　このように考えれば、派生語でも主要部が右側に現れていることになる。つまり、右側主要部の原則が、複合語ばかりではなく、派生語についても当てはまるのである。主要部は、複合語でも派生語でも右側に現れる、という規則性が成り立つ。

　派生接辞を主要部と見ることは、派生接辞が付着する相手の品詞を「選択」しているという事実からしても、自然なように思われる。第2章で、句の主要部はそれと一緒に生じる補部の統語範疇を「選択」することを見た。例えば主要部 see ならば NP を補部として選択し、主要部 dependence ならば PP を選択する。それと同様に、主要部 (a)tion は相手として V である語を選択し、主要部 -ic は N である語を選択するのである。

　ただし派生の場合にはいくつか反例となるような事例がある。次の例では、派生接辞が語基の左側に現れており、それが派生語全体の品詞を決めている。いずれも派生される語が動詞である点に注目せよ。

(16) a.　en-: enlarge　enrich　　（A → V）
　　 b.　en-: encage　endanger　（N → V）
　　 c.　de-: defrost　dethrone　（N → V）
　　 d.　dis-: disarm　disillusion （N → V）

✂ 動詞由来複合語

　下記(17) – (20)の複合語では、主要部(すなわち、右側の斜字部)が動詞から派生した派生語である。(17)では動詞と同形の(つまり、動詞から「転換」した)転換名詞、(18)では主に「～する人」という意味を表わす行為者名詞(agentive nominal)、(19)では -ing が付いた動名詞(gerundive nominal)、(20)では派生接辞が付いた派生名詞(derived nominal)である。主要部が動詞に由来している複合語なので、動詞由来複合語(deverbal compound)という。

(17)　hair*cut*(散髪)　hand*shake*(握手)　life*guard*(監視員)
(18)　goal*keeper*(ゴールキーパー)　shoe*maker*(靴屋)　song*writer*(作詞家)
(19)　dress*making*(洋裁)　house*keeping*(家事)　sight*seeing*(観光)
(20)　book-*production*(出版)　self-*denial*(自己否定)　word-*formation*(語形成)

　これらの動詞由来複合語では、非主要部(左側の立字部)と、主要部の基になっている動詞との間の文法的な関係が一定していることに気付く。主要部の基になっている動詞はいずれも他動詞であり、非主要部はその目的語に当たる。haircut であれば to cut hair、shoemaker であれば to make shoes という具合に、他動詞とその目的語の関係になっている。

　では下記(21) – (24)の場合はどうであろうか。主要部の動詞に付加している派生接辞の種類は上記(17) – (20)と同じである。

(21)　daydream(白昼夢)　gunfight(銃撃戦)　homework(宿題)　〈転換名詞〉
(22)　factory-worker(工場労働者)　freedom fighter(自由の戦士)
　　　theatergoer(芝居好き)　　　　　　　　　　　　　　　〈行為者名詞〉
(23)　handwriting(手書き)　night-flying(夜行飛行)　sunbathing(日光浴)
　　　　　　　　　　　　　　　　　　　　　　　　　　　　　〈動名詞〉
(24)　ceasefire agreement(停戦協定)　accident compensation(事故補償)

structure-dependence（構造依存）　　　　　　　　　〈派生名詞〉

　主要部の基になっている動詞はいずれも自動詞であり、非主要部はそれに続く前置詞句の目的語である。前置詞句は、freedomfighter における to fight for freedom や、theatergoer における to go to theater のように動詞の補部であることもあれば、daydream における to dream in the day や、handwriting における to write by hand のように付加部の場合もある。どちらの場合も、自動詞の右側の一番近い句である。
　他動詞の目的語も動詞の右側の一番近い句であるから、動詞由来複合語の非主要部は、主要部が他動詞に由来する場合であれ自動詞に由来する場合であれ、その右側の1番目の要素（より正確には、1番目の名詞句）ということになる。第2章で見たXバー理論によれば、補部も付加部も（その高さは異なるが）$\overline{\text{V}}$ の中の要素であるから、動詞由来複合語の非主要部と主要部の間には(25)のような規則性が成り立つことになる。この原則を「$\overline{\text{V}}$ 内第1要素の原則」と呼ぶことにしよう。

(25)　動詞由来複合語の非主要部は、主要部の基になっている動詞の投射 $\overline{\text{V}}$ 内の動詞に続く第1要素に当たる。

　なお、やや古典的な形態論の教科書では、この原則を「第1姉妹の原則」と呼ぶことがある。確かに他動詞の目的語や自動詞の補部は動詞と姉妹関係（統語構造で同じ高さにある要素）であるが、付加部は動詞と姉妹関係ではないので、本書では「姉妹」という用語を避けることにする。
　主語は $\overline{\text{V}}$ の内部ではなくその外（$\overline{\text{V}}$ の下の指定部）にあるので、(25)の原則からすると、動詞由来複合語の非主要部にはならないはずである。実際、*baby-smile や *girl-dancer、*athlete-running のような、非主要部が動詞の主語であるような動詞由来複合語は原則的に存在しない。
　(25)の原則は、動詞由来複合語が名詞の場合ばかりではなく形容詞の場

合にも当てはまる。下記(26) – (29)の複合語は、主要部が動詞から派生した形容詞の例である。非主要部が(26)では主要部の基になっている動詞の目的語であり(例えば to love animals)、(27)では補部の PP 内の要素であり(例えば to abide by law)、(28)では付加部の PP 内の要素であり(例えば to flower in winter)、(29)では副詞句である(例えば to go easy)。いずれも $\bar{\text{V}}$ 内にあって動詞に一番近い要素である。

(26) animal-loving(動物愛護の)　heart-breaking(ひどくつらい)
　　　cost-cutting(経費軽減の)
(27) law-abiding(遵法の)　drug-related(麻薬絡みの)
　　　self-reliant(自信ある)
(28) winter-flowering(冬咲きの)　home-made(自家製の)
　　　safety-tested(安全点検済みの)
(29) easy-going(のんきな)　hard-working(勤勉な)　new-born(新生の)

　動詞に派生接辞が付加して生じる動詞由来の派生語は名詞であるか形容詞であるのだから、動詞由来の複合語は(17) – (24)で見た複合名詞か、(26) – (29)で見た複合形容詞のいずれかである。(25)の $\bar{\text{V}}$ 内第 1 要素の原則は動詞由来複合語全般に関する原則と言える。

練習問題

1. 次の複合語は 3 つの語から成る。(a) – (d)について(12)(13)で見たような構造を示しなさい。
　　(a) greenhouse fair　(b) wetsuit import
　　(c) paymaster union　(d) labor union president
2. 次の(a)の複合動詞、(b)の複合名詞、(c)の複合形容詞はいずれも右側主要部の原則に違反している。なぜ違反しているのか。これら

の反例に共通していることは何か。こうした反例に対処するには複合語の「主要部」をどのように定めたらよいか。本文中で見た、主要部になれる統語範疇の種類を思い起こしなさい。

（a）　look through　put down　take off…
（b）　passer-by　hangover　breakdown…
（c）　built-in　made-up　worn-out…

本章の要点

　意味を持つ小さな単位である語も、幾つかのより小さな単位（形態素）から組み立てられている場合がある。その組み立て方は、中心に必ず主要部があるなど、第2章で見た大きめのブロック（句）の組み立て方と類似している。語を作る際の形態素の組み合わせ方も規則に則って行われるので、語のレベルでも記号の計算操作が行われている。

　どの言語でも、限られた数の「手持ち駒」（すなわち、形態素）を規則に則って計算操作することにより、無限に新しい語を作り出すことができ、そのような語を今度は統語論の規則に則って計算操作することにより、無限に新しい文を作り出すことができる。ことばは、限られた数の手持ち駒を用いて、無限に新しい語や文を作り出す営みである。私たちの脳には、そのような営みを可能にする能力（器官）が備わっている。

第 5 章　音韻論

5.1　英語の音

That is a violin という英文をザットイズアバイオリンと発音するならば、英語の正確な発音とは言えない。だがその英文をコックイズアダイオリンと発音するよりは英語の発音に似ている。なぜ英語の発音を日本語の音(を表記した片仮名)では正確に表せないのだろうか。正確な英語の発音ではないにしても、なぜザット...の発音の方がコック...に比べると英語の発音に似ていると感じられるのだろうか。

✄ 発声器官

ことばの音声は、肺から送られた空気が発声器官を通過することによって作られる。肺から送られた空気は、気管支を通って声門(声帯、いわゆる喉仏(ほとけ))に届き、そこで音声の元になる空気の流れに換えられ、その後、口の内部(口腔(こうくう))や鼻の内部(鼻腔(びくう))などの発声器官を通過する。発声器官によって形作られる形状の違いが、発音の違いを生み出す。人間の発声器官(発声に関わっている器官)には、次のようなものがある。

(1)

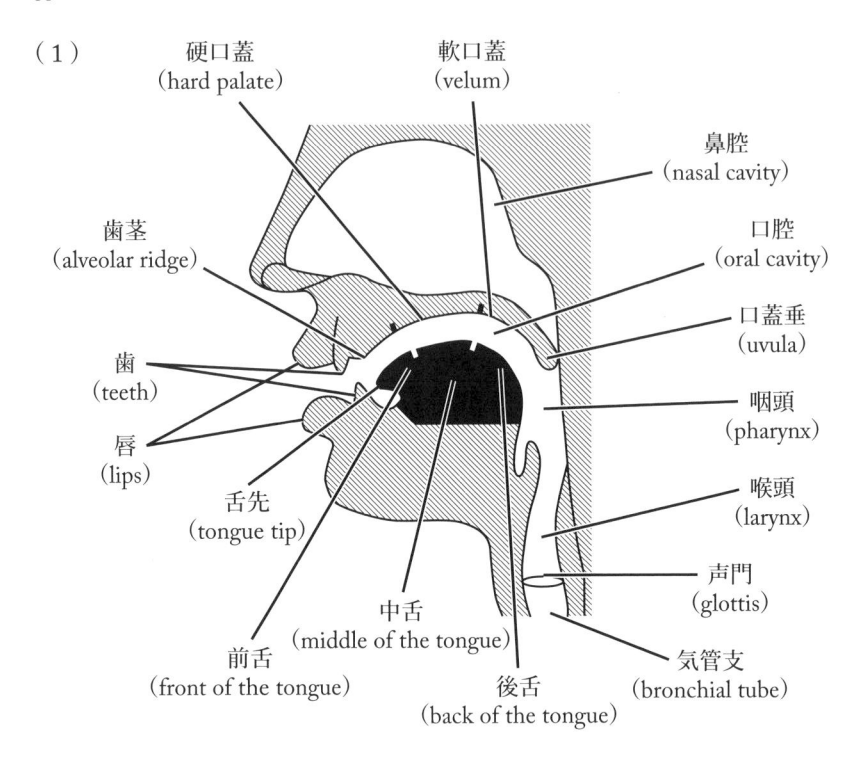

- 硬口蓋（hard palate）
- 軟口蓋（velum）
- 鼻腔（nasal cavity）
- 歯茎（alveolar ridge）
- 口腔（oral cavity）
- 口蓋垂（uvula）
- 歯（teeth）
- 唇（lips）
- 咽頭（pharynx）
- 舌先（tongue tip）
- 喉頭（larynx）
- 声門（glottis）
- 中舌（middle of the tongue）
- 前舌（front of the tongue）
- 後舌（back of the tongue）
- 気管支（bronchial tube）

　鏡の前で軽く口を開けてみると、唇、歯、舌などが見える。食事に使用するこれらの器官が、発声器官としても重要な働きをしている。口をもう少し大きく開いてみると、奥の方に上下に垂れ下がっている口蓋垂（俗称、のどひこ）や、さらにその奥に咽頭が見える。口蓋垂は上下に動き、鼻腔への通路を閉じたり開いたりする。(1)の図では口蓋垂が上がっており、鼻への通路が閉じられているが、下がっていれば、空気が鼻へと流れていく。

　舌の先で上歯の裏側をさわってみると、歯の付け根の所に少し出っ張っている箇所がある。ここが歯茎である。その奥にある硬い部分が硬口蓋。さらに奥の方へ行くと柔らかな部分があるが、そこが軟口蓋である。

✂ 子音の特徴付け

　音は子音と母音に大別される。子音は基本的に、発声器官によって形作られる妨げを、空気が通過することによって作られる。母音の場合には、子音のような大きな妨げができない。

　英語の子音には次のようなものがある。

(2)

調音法＼調音点(無声・有声)	両唇 無	両唇 有	唇歯 無	唇歯 有	歯間 無	歯間 有	歯茎 無	歯茎 有	歯茎硬口蓋 無	歯茎硬口蓋 有	硬口蓋 無	硬口蓋 有	軟口蓋 無	軟口蓋 有	声門 無	声門 有
閉　鎖	p	b					t	d					k	g		
摩　擦			f	v	θ	ð	s	z	ʃ	ʒ					h	
破　擦							ts	dz	tʃ	dʒ						
流　音							r, l									
鼻　音		m						n						ŋ		
半母音		w										j				

例　　　[p] pig　pin　　　　　[t] teach　till　　　　[k] come　kill
　　　　[b] big　bin　　　　　[d] dig　doll　　　　　[g] girl　gun
　　　　　　　　[f] fan　fight　　　　[s] say　see
　　　　　　　　[v] very　voice　　　 [z] zone　zoo　　　　[h] hat　heat
　　　　　　　　　　　　[θ] thank　think　　[ʃ] she　shut
　　　　　　　　　　　　[ð] that　they　　　[ʒ] usual　vision
　　　　　　　　　　　　　　　　　　　　[ts] cats　hats
　　　　　　　　　　　　　　　　　　　　[dz] birds　needs
　　　　　　　　　　　　　　　　　　　　[tʃ] chip　change
　　　　　　　　　　　　　　　　　　　　[dʒ] jump　judge
　　　　　　　　　　　　　　[r] right　ring
　　　　　　　　　　　　　　[l] light　long
　　　　[m] may　me　　　　[n] name　night　　　　[ŋ] sing　long
　　　　[w] wait　way　　　　　　　　　　　　　　　[j] yard　year

　図(2)の縦軸は調音法(ちょうおんほう)(manner of articulation)を、横軸は調音点(ちょうおんてん)(point of articulation)を表している。調音法というのは妨げの作り方のことを、一方調音点というのは妨げが作られる位置のことを意味する。気管支からの空気は上方の発声器官に行く前に声門(せいもん)を通過するが、その時声門が開いていれば

濁らない音——無声音(voiceless)——に、閉じていれば濁った音——有声音(voiced)——になる。子音は主に、調音法、調音点、有声・無声の区別という3つの要因に基づいて特徴付けられる。

調音法

まず調音法から見ていこう。閉鎖音(stop)は、発声器官によって作られる完全な閉鎖を、空気の流れが勢いよく突き破ることによって発せられる。そのために、破裂音(plosive)と呼ばれることもある。

摩擦音(fricative)は完全な閉鎖ではなく、峡窄(狭め)を空気が擦り抜けることによって発せられる。

破擦音(affricate)は、その名称が示すとおり、破裂音と摩擦音の組み合わせである。まず閉鎖が瞬間的に作られ、それが峡窄に変わったところを空気が通過する。破擦音を表す発音記号は、破裂音と摩擦音の組み合わせであることに注目。[ts] は cats の語尾のように [t] と [s] の音がほぼ同時に発音される際に、また [dz] は birds の語尾のように [d] と [z] の音がほぼ同時に発音される際に作られる。

閉鎖音、摩擦音、破擦音では、空気の流れが発声器官の閉鎖や狭めによって阻害されるので、まとめ阻害音(obstruent)ということがある。

流音(liquid)が発せられる時には、阻害音のように空気の流れが妨げられることなく、比較的なめらかに流れて行く。英語の [r] は、日本語のラ行とは異なり、舌先が歯茎にまったく触れることなく、歯茎の後方に向けて反り返える感じで発音される。それゆえ、「そり舌音」と呼ばれることがある。一方 [l] は、舌先が歯茎にぴったりとつき、しかも舌の両側は奥歯につくことなく、空気が舌の側面(横側)を流れて行く。舌先が歯茎について発音されるという点では、[l] の方が [r] よりも日本人には発音しやすいかもしれない。

これらの子音が発せられる際には、口蓋垂が上がっており、鼻腔への空気の流れが閉ざされている。空気がもっぱら口腔の方へ流れて行くので、まとめて口音(oral)と呼ばれる。

一方、鼻音(nasal)が発せられる際には、口蓋垂が下がっており、しかも口腔の方で完全な閉鎖が作られるので、空気が鼻腔へと流れて行く。そのために、口音に対して、鼻音と呼ばれるのである。口腔の中で完全な閉鎖ができるという点では閉鎖音と同じであるが、鼻腔に関しては、空気があまり抵抗なく流れるという点では流音と同じである。

半母音(semi-vowel)は、舌の位置が母音の [i] や [u] を発音する際と同じであり、母音と同様に空気の流れの妨げが少ない。必ず母音を伴い滑らかにその母音と連続するので、わたり(glide)とも呼ばれる。半母音と流音(特に、[r])の発音では、阻害音のように発声器官の閉鎖や狭めが作られずに、接近するだけなので、接近音(approximant)と呼ばれることがある。

調音点

今度は調音点について見てみよう。妨げは発声器官によって作られるのであるから、妨げがどの発声器官によって作られるかによって調音点が決まる。

両唇音(bilabial)は上唇と下唇によって、唇歯音(labio-dental)は下唇を上歯で噛むことによって、また歯間音(dental)は舌先を上下の歯で軽く噛むことによって、それぞれ妨げが作られる。

舌先および前舌が歯茎に接すると歯茎音(alveolar)が、また前舌が歯茎から硬口蓋の部分に接すると歯茎硬口蓋音(alveopalatal)が、それぞれ作られる。

前舌が硬口蓋に近づくと硬口蓋音(palatal)が、奥舌が軟口蓋に近づくと軟口蓋音(velar)がそれぞれ作られる。声門音(glottal)は声門で発せられる。

有声・無声

流音、鼻音、半母音が発せられるときには、声門が常に閉じており、そこを空気が突き抜けて行く。したがって、常に有声音である。閉鎖音、摩擦音、破擦音の場合には、声門が閉じている時と開いている時があるので、有

声・無声の対立が見られる。

　上で見た3つの要因——調音法、調音点、有声・無声の区別——の特徴を実感するには、ある要因に関して同じであるようないくつかの音を比較してみるとよい。例えば[p]、[t]、[k]を実際に発音してみると、いずれの音においても瞬間的な「閉鎖」ができ、それを空気の流れが「破裂」させていることが分かる。それゆえ、これらの音はいずれも閉鎖音(または破裂音)である。これらの音を順番に発音していくと、その閉鎖のできる位置が、唇の所から歯茎の所へ、そして軟口蓋の所へと移行していくことが分かる。これら3つの音は、調音点に関して異なっている。

　[p]と[b]の場合はどうだろうか。どちらも、上下の唇を閉じて閉鎖が作られるという点——つまり調音点および調音法——では同じであるが、指を軽く喉仏の所に当ててみると、指に振動が伝わってくるかどうかという点で相違がある。振動が伝わってくるならば有声音、伝わってこなければ無声音である。[p]は無声音、[b]は有声音である。

　今度は[t]と[s]を比較してみよう。どちらも唇が軽く開かれ、舌先が歯茎の所に当てられている。調音点は同じである。[t]の場合には、舌先と歯茎で閉鎖が作られ、その閉鎖を空気の流れが勢いよく突き破って流れて行く。一方[s]の場合には、舌先が歯茎の所に軽く当てられており、そこを空気が擦り抜けて行く。舌先と歯茎によって作られる妨げが完全な密閉か、単なる狭めかという調音法が異なっているのである。[n]の場合も、[t]と同様に、舌先が歯茎に強く当てられ密閉ができるが、口蓋垂が下にたれ下がり空気が鼻の方へ抜けていく。口音ではなく、鼻音であるからである。

　こうした発音練習を(2)のそれぞれの音について行い、それぞれの音の特徴を実感されることをお奨めする。

✂ 音の類似

　本章の冒頭でみたように、thatをザットと仮名書きしたのでは正確ではないが、コットと仮名書きするよりは英語の発音に似ている。thatに含まれて

いる子音 [ð] と、それを仮名書きしたザに含まれている子音 [z] と、ザと対比されたコに含まれている子音 [k] を、3つの要因について比較してみよう。

（3）　　　調音法　　調音点　　有声・無声
　　[ð]　　摩擦　　　歯間　　　有声
　　[z]　　摩擦　　　歯茎　　　有声
　　[k]　　閉鎖　　　軟口蓋　　無声

[ð] と [z] は調音法、有声・無声という2つの要因の点で同じであるが、[k] は [ð] といずれの要因についても同じでない。だから [z] の方が [k] よりも、[ð] に似ていると感じられるのである。日本語には [ð] の音がないので、それに近い [z] が当てられる。英語では [ð] と [z] は別々の音なので、that を日本語の [zatto] と発音したのでは依然として正確な英語の発音ではない。

✂ 母音の特徴付け

　今度は、母音について見てみよう。母音は、舌の一部が口蓋に向かって盛り上がってできる空間を空気が流れることによって作られる。子音の場合のようなはっきりとした妨げがないので、空気が比較的抵抗なく発声器官を流れていく。いずれの母音も有声音である。

　舌のどの部分が口蓋に向かって盛り上がるかによって、前舌母音、中舌母音、後舌母音に分かれる。舌の盛り上がりが起こる口腔内の位置（前後関係）に着目して、前母音、中央母音、後母音と呼ぶこともある。

　また発音の際の下顎(したあご)の位置に応じてどの程度口唇が開くかによって、狭母音、半狭母音、広母音と分かれる。下顎の高低が舌の高さに対応するので、それぞれ高母音、中母音、低母音と呼ぶこともある。

　さらに唇が相対的に丸く開いているか否かによって円唇(えんしん)と非円唇に分かれる。英語の [ɯ]、[ɔː] は、日本語のウやオと異なり円唇音である点に注意。

英語の母音には、(4)に示したような単母音がある。

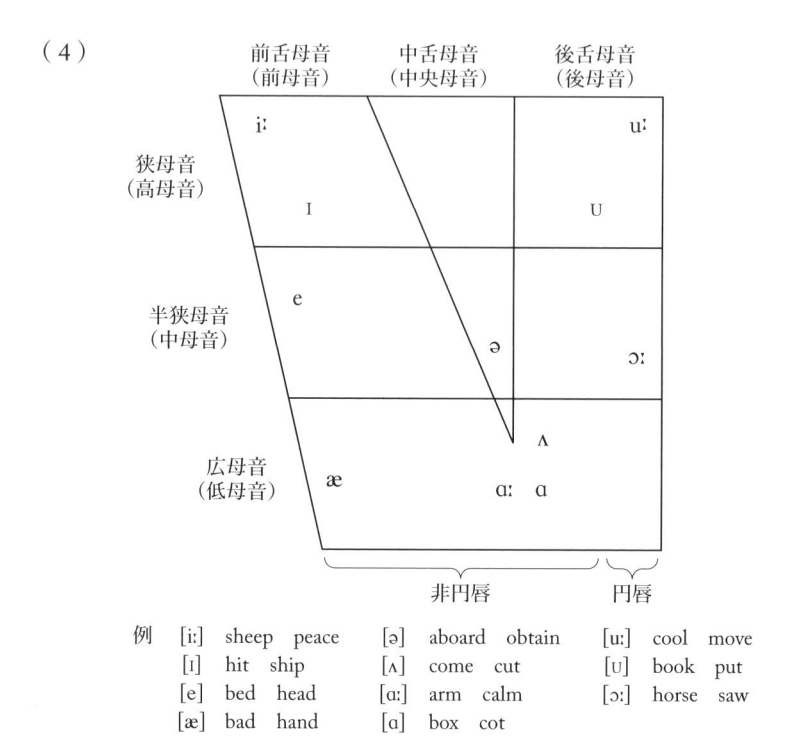

(4)

```
              前舌母音      中舌母音      後舌母音
              (前母音)     (中央母音)     (後母音)
                iː                         uː
狭母音
(高母音)
                 ɪ                          ʊ

                 e
半狭母音
(中母音)                     ə
                                            ɔː
                                    ʌ
広母音
(低母音)          æ              ɑː ɑ
                          非円唇        円唇
```

例　[iː]　sheep　peace　　[ə]　aboard　obtain　　[uː]　cool　move
　　[ɪ]　hit　ship　　　　[ʌ]　come　cut　　　　[ʊ]　book　put
　　[e]　bed　head　　　　[ɑː]　arm　calm　　　　[ɔː]　horse　saw
　　[æ]　bad　hand　　　　[ɑ]　box　cot

練習問題

1. 次のそれぞれのグループには1つだけ仲間外れの音がある。それはどれだろうか。なぜその音が他の音と異なっているのだろうか。
　　(a)　p　s　g　f　ʦ
　　(b)　t　n　l　m　s
　　(c)　s　f　z　ʃ　h
　　(d)　r　w　g　v　ʧ
　　(e)　i　e　æ　ʌ　ʊ

2. ことばに障害を持っている人(失語症患者)が次のような発音をすることが観察されている。本来の発音とどのような点で相違しているだろうか。まず両方の語を発音記号で表し、次に本文中の3つの要因——調音法、調音点、有声・無声——のいずれの点で類似または相違しているかを調べなさい。

蛍光灯 – ペイコウトウ 　　鋏 – ハシャミ　　鍋 – マベ

魚 – ツァカナ　　猫 – デコ　　便所 – メンジョ

5.2 音素

✂ 音と音素

Teacher と tool の頭の音はよく似ているが、それらの発音を精確に記すと次のようになる。

(5) a. teacher [tíːtʃər]
　　b. tool [tʷuːl]

(5a)の [t] は唇を横に開いて発音されるのに対して、(5b)の [tʷ] は唇を丸めて発音される。こうした相違は、例えば teacher [tíːtʃər] と feature [fíːtʃər] の間の相違ほど著しくない。後者の場合には、音質的に全く別なものであり、1つの音の相違が別の語を生み出している。一方(5)の場合には、音質的には同じであり、環境に応じて微調整した結果の相違といった感じがする。音質的に同じである音の類を音素(phoneme)といい、音素の具体的な発音を単音(phone)または単純に「音」という。音はこれまでどおり [ ] で囲み、音素は / / で囲んで表記していく。第4章で、同一の形態素の変種を異形態(allomorph)と呼んだが、同一の音素の変種を異音(allophone)と呼ぶ。(5a)と(5b)の t の発音は共に音素 /t/ であり、[t] および [tʷ] という音は /t/ という音素の異音である。

✂ 音素の決め方

　独立した音素は、同じ音声的環境に生じた場合に意味の違いをもたらす。例えば英語では、__at という環境に [b] が現れるか [p] が現れるかによって、異なった意味の語(bat、pat)となる。したがって、英語では [b] と [p] は別個の音素 /b/、/p/ である。bat と pat のような1点を除いて全く同じである対を最小対(minimal pair)といい、最小対に見られる対比を最小対立(minimal pair contrast)という。ある言語において最小対立をなす音は、その言語における別個の音素である。

　同一の音素に属する異音は決して同じ音声的環境に現れない。例えば音素 /t/ の異音である [t] と [tʷ] のうち、[t] は母音 i の前に現れるが、母音 u の前には現れない。逆に [tʷ] は母音 u の前に現れるが、母音 i の前には現れない。異音は互いに重なり合うことがないよう、現れる環境を棲み分けているのである。このような分布の仕方を相補分布という(68頁参照)。同一音素の異音は相補分布を示すが、別個の音素ならば、最小対立からも明らかなように、同じ音声的環境に生じることができる。

✂ 異音の予測可能性

　母音 /u/ の前で、/t/ が [tʷ] という具合に円唇化する(唇を丸めて発音される)のは、音素 /t/ の場合に限られたことではない。他の音素でも、円唇母音 /u/ の手前に生じると円唇化が起こる。

（6）　peach　[piːtʃ]　　pool　[pʷuːl]
　　　beam　[biːm]　　boom　[bʷuːm]
　　　kill　　[kil]　　　cool　[kʷuːl]
　　　she　　[ʃiː]　　　shoe　[ʃʷuː]

子音は一般的に、円唇母音の手前に生じると円唇化する。どのような異音（この場合、円唇化された異音）が生じるかは、音素が現れる環境に基づいて

予測することができる。

練習問題

1. 次の音の調音法、調音点、無声・有声について答えなさい。
   f m g ð ʃ ʥ
2. 次の対の音素について、最小対を作りなさい。
   (a) /t/-/d/（例：touch-Dutch）　(b) /k/-/g/
   (c) /b/-/v/　(d) /r/-/l/　(e) /s/-/ʃ/
3. 日本語のサ行、タ行、ハ行をヘボン式および訓令式でローマ字書きしなさい。どちらの表記法の方が音素に近いだろうか。

5.3　同化と異化

　(6)で、母音 [u] の前では子音が円唇化することを見たが、なぜ円唇化などということが起こるのだろうか。母音 [u] は(4)の表から明らかなように、唇を丸めて発音される円唇音である。その前に生じている子音は [u] に影響されて円唇化するのである。このようにある音が、その後ろまたは前に生じている音の特徴に合わせて発音上の変化をすることを、同化(assimilation)という。同化は発声器官の動きをなるべく経済的にしようとする生理学的な要請によるものであり、どの言語においても広く見られる現象である。隣り合う音が共通した性質を持ち互いによく似ている場合に、同化が起こりやすい。

✂ 調音点の同化

　次の(7)では、1番目の語の終わりが摩擦音であり、2番目の語の始まりも摩擦音または破擦音であり、両者がよく似ている。相違しているのは調音点(1番目の語末は歯茎、2番目の語頭は歯茎硬口蓋)である。これらの語

の連続が早めに発音されると、1番目の語末の摩擦音の調音点が、2番目の語頭の摩擦音または破擦音のそれに合わせて硬口蓋の方へ変化する。調音点に関して同化するのである。このような同化を、(歯茎)硬口蓋の音に合わせるので、口蓋化(palatalization)という。

(7) a. nice shoes　　[nais ʃuːz]　　[naiʃ ʃuːz]
　　 b. his juice　　　[hiz ʤuːs]　　[hiʤ ʤuːs]
　　 c. has shut　　　[həz ʃʌt]　　　[həʒ ʃʌt]
　　 d. Miss Church　[mis ʧəːʧ]　　[miʃ ʧəːʧ]

否定を表す接頭辞の1つに in- がある。この接頭辞は in- と綴られたり im- と綴られたりするが、実際には環境に応じて [in-]、[im-]、[iŋ-] の3通りに発音される。

(8) a. im-possible　[impásəbl]　　im-balance　　[imbǽləns]
　　　　im-patient　[impeiʃənt]　　im-measurable　[iméʤərəbl]
　　 b. in-tangible　[intǽnʤəbl]　　in-dependent　[indipéndənt]
　　　　in-sufficient　[insəfíʃənt]　　in-numerable　[injúːmərəbl]
　　 c. in-compatible [iŋkəmpǽtəbl]　in-capable　　[iŋkeipəbl]
　　　　in-glorious　[iŋglɔ́ːriəs]　　in-gratitude　[iŋglǽtitjuːd]

(8a)では語基の初めの音が両唇音であり、接頭語 in- の鼻音 [n] が語基の「両唇性」に同化して、両唇の鼻音 [m] となっている。(8b)では語基の初めの音が歯茎音であり、接頭語 in- の [n] の音が歯茎の鼻音 [n] として発音される。(8c)では接頭語 in- の [n] の音が、語基の初めの音である軟口蓋音に同化して、軟口蓋の鼻音 [ŋ] となっている。いずれの場合も接頭辞 in- の末尾の調音点が、語基の最初の音のそれに合わせて同化している。アルファベットには [ŋ] に相当する文字がないので、(8c)では便宜的に in- という綴

りが用いられている(辞書によっては [iŋ-] の発音を、綴りに合わせて [in-] と表記しているものもあるが、*Cambridge International Dictionary of English* のような辞書では [n] と [ŋ] の発音を明確に区別している)。

　接頭辞 in- が、[p] や [b] とよく似ている [f] や [v] で始まる語の前に生じたとしても、im- にはならない。次の(9)を、(8a)と比較せよ。

(9)　in-formal　in-finite　in-visible　in-valid

(8a)の [p] や [b] は閉鎖音であるのに対して、(9)の [f] や [v] は摩擦音である。in- に含まれている [n] は鼻音であるが、§5.1 で触れたように、口腔の中では完全な閉鎖を作る。この点で閉鎖音と同じである。同化は似た音の間で起こりやすいので、in- は(8a)の閉鎖音に対しては同化するが、(9)の摩擦音に対しては同化しない。

✂ 調音法の同化

　接頭辞 in- が [r] や [l] で始まる語基の手前に生じると、それぞれ ir-、il- となる。

(10)　a.　ir-rational　ir-regular　ir-relevant
　　　b.　il-legal　il-licit　il-literate

In- に含まれる [n] の調音点は歯茎音であり、[r] も [l] の調音点も歯茎音である。しかも、いずれの音も有声音である。調音点および有声・無声の点で似ている。そこで in- は、後続する子音の調音法に関して同化を起こし、流音となる。(10a)(10b)では in- の末尾の音が、調音法の点で後続の音に同化をしている。

✄ 異化

　同じ音が連続すると、聴き手にとって聞き取りにくい。そこで、同じ音の連続を避けるために、異なった音に変化させることがある。このようなプロセスを異化(dissimilation)という。

　名詞から形容詞を派生する方法の1つに、-al を付ける方法がある(下記(11a))。ところが語基が [l] の音で終わっている場合には、-al ではなく -ar が付けられる((11b))。

(11) a.　accident-al　commerci-al　cultur-al　education-al　function-al
　　　　 virgin-al
　　 b.　circul-ar　pol-ar　popul-ar　singul-ar　triangul-ar

[l] で終わる語基に -al をつけると [l] が連続することになり、聞き取りにくい。語基の [l] と異化する必要がある。そこで -al を用いる代わりに、それとよく似ていてしかも異なる -ar が用いられるのである。

✄ 複数名詞の発音

　単数・複数が規則的に変化する名詞の複数形には、接尾辞 -s または -es が付けられる。(12)の語において、複数形接尾辞はどのように発音されるであろうか。

(12)　lakes　dogs　cats　horses　Gods　hopes　jobs　funs　stars　safes
　　　noses　watches　tools　boys　ducks　months　dishes　bridges　seas

複数形接尾辞は、[s] または [z] または [iz] の内のいずれかの音で発音される。これらの発音に基づいて(12)の複数形を分類すると、次のようになる。

(13) a. [s]: lakes cats hopes safes ducks months
    b. [z]: dogs Gods jobs funs tools stars boys seas
    c. [iz]: horses noses watches dishes bridges

lakes や hopes は、noses、watches と同じように -es という綴りで終わっているが、前者は [s] と発音されるのに対して後者は [iz] と発音される。どのような綴りであるかは、複数形接尾辞の発音を決める上で重要ではなさそうである。
　複数形の発音を決めるのは、むしろ語基の最後の音である。それぞれのグループの語基の最後の音を取り出してみると、(14)のようになる。lake や hope は綴りが e で終わっているが、それは発音されない点に注意せよ。

(14) a. [s]: k t p f θ
    b. [z]: g d b n l ɑː(star の語末の r を発音する方言では r) ɔɪ iː
    c. [iz]: s z tʃ ʃ dʒ

　(14a)の音はいずれも無声の子音である。(14b)の音は、有声の子音([n]、[r]、[l] は常に有声音である点に注意)または母音である。母音も常に有声音であるから、いずれも有声音ということになる。(14c)の音は共通して、調音点が歯茎または歯茎硬口蓋で、調音法が摩擦または破擦音であるような音である。調音点に共通の「歯」、調音法に共通の「擦」を取って、歯擦音(sibilant)と呼ばれる。
　接辞 -s の発音が、(14a)では先行する無声音と同様に無声となっており、(14b)では先行する有声と同様に有声になっている。つまり先行する語基の最後の音に、有声・無声の点で同化しているのである。これまで見てきた同化(98 頁の(7)の口蓋化や(8)の接頭辞 in- の例など)では前の音が後ろの音に同化していたが、ここでは後ろの音が前の音に同化している。前の音が後ろの音に同化するプロセスを逆行同化(regressive assimilation)というのに対

して、後ろの音が前の音に同化するプロセスを進行同化(progressive assimilation)という。複数形接辞の発音は、進行同化の一例である。

複数形接尾辞 -s の発音 [s]、[z] はどちらも歯擦音であり、それらが(14c)の歯擦音の後ろに直続すると歯擦音が2つ連続することになる。同種の音の連続を回避するには、一方の音を別の音に換えて「異化」するか、両者の間に他の音を挿入して区別がつくようにする必要がある。ここでは歯擦音と歯擦音との間に [i] が挿入される。挿入された [i] は有声音であるから、-s は進行同化して有声になり、複数形接辞は [iz] と発音されることになる。

✂ 3 単現の発音

動詞に続くいわゆる3単現の -s の発音も、全く同じプロセスによって決まってくる。語基の終わりが無声音ならば [s]、有声音ならば [z]、歯擦音ならば [iz] となる。次の動詞に -s または -es を付けて、発音してみよう。

(15) a. [s]: jump cut paint walk look laugh
　　 b. [z]: rub read love come run see
　　 c. [iz]: kiss freeze wish watch judge

✂ 過去形の発音

今度は、過去形が規則的に変化する動詞に現れる -ed の発音について考えてみる。接尾辞 -ed が付けられた次の過去形動詞は、どのように発音されるだろうか。

(16) jumped rubbed painted walked jogged landed laughed kissed loved watched judged wanted washed combed peeled freed bounded

過去の接尾辞 -ed は、[t]、[d]、[id] のいずれかの音で発音される。これら

の発音に基づいて(16)の過去形を分類すると、次のようになる。

(17) a. [t]: jumped walked laughed kissed watched washed
    b. [d]: rubbed jogged loved judged combed peeled freed
    c. [id]: painted wanted landed bounded

この場合も語基の最後の音が、-ed の発音を決める上で重要な働きを果たしているようである。最後の音だけを取り出してみよう。ここでも問題にしているのは(綴りではなく)発音なので、例えば laugh の語末は [f] という音として分類される。

(18) a. [t]: p k f s tʃ ʃ
    b. [d]: b g v dʒ m l i
    c. [id]: t d

　(18a)では語基の最後の音が無声音であり、-ed はそれに合わせて無声音になっている。(18b)では最後の音が有声音であり、-ed はそれに合わせて有声音になっている。ed の発音も、複数形や3単現の -s の場合と同様に、無声・有声の点で語基の最後の音に進行同化している。

　過去形接尾辞 -ed の発音 [t]、[d] は共に、歯茎破裂音である。語基の最後の音が [t] または [d] である場合には、歯茎破裂音が連続することになる。その連続を避けるために、(18c)に挙がっている [t] と [d] の後ろでは、[i] が挿入されて2つの歯茎破裂音が分離される。挿入された [i] は有声音なので、過去形語尾は進行同化して有声音となり、[-id] として発音されることになる。

　複数形および3単現の -s も過去形の -ed も、それが現れる環境によって、3つの異なった音で発音される。複数形および3単現の発音([s]、[z]、[iz])と過去形の発音([t]、[d]、[id])は異なるが、どちらの場合も、いずれの

発音になるかは主に進行同化というプロセスに基づいて決まってくる。

> **練習問題**
>
> 1. 次の規則動詞の 3 単現および過去形の発音はどのようになるだろうか。まずそれらの発音を決める上で重要となるそれぞれの語の最後の音の特徴を述べなさい。そして、各語の 3 単現および過去形の発音について答えなさい。
>   arm　fade　fit　part　warn　row　pad　sound
> 2. 次に挙げたような句は、ゆっくり発音すると左側のようになるが、早めに発音すると右側のようになることが知られている。これも同化の例である。この同化は進行同化だろうか、逆行同化であろうか。どの音が、どの音のどの性質に同化しているのだろうか。
>   (a)　have to　　[həv tuː]　　[həf tuː]
>   (b)　has to　　 [həz tuː]　　[həs tuː]
>   (c)　of course　[əv kɔːs]　　[əf kɔːs]
>   (d)　as far　　 [əz fɑː]　　 [əs fɑː]

5.4　語の強勢

動詞や、名詞、形容詞など、語彙的な語には必ず強く発音される部分がある。強い発音を強勢またはアクセント（以後、強勢）、特に語の中で最も強い発音を第 1 強勢（primary stress）という。例えば、cáncel では前の母音の所に、consíst では後の母音の所に、第 1 強勢が置かれる。どちらの語も動詞であり、どちらにも 2 つの母音が含まれているという点では同じであるのに、なぜ強勢の置かれる位置が異なるのだろうか。強勢の位置はどのようにして決まるのであろうか。

✂ 音節

　母音を中心にして音節(syllable)と呼ばれる発音上の単位が作られる。1つの音節は、母音とその前後に生じる子音とから構成される。英語では、母音の前または後ろに生じる子音の数は複数個であっても構わない。springでは、母音 [i] の前に子音が3つ、後に子音が1つ生じている(綴りでは ng となっているが、発音は [ŋ] という子音1つである点に注意せよ)。stand では、母音 [æ] の前に子音が2つ、後ろに子音が2つ生じている。音節の中心となる母音の前に来る子音(群)のことを頭子音(onset)、後ろに来る子音(群)のことを尾子音(coda)と呼ぶ。

　母音の前にも後ろにも子音が生じ得るとなると、母音と母音の間に子音が現れている場合、その子音が前の母音の音節に属しているのか、それとも後の母音の音節に属しているのかという問題が生じてくる。1つの音節をどのように画定するかという、音節の画定法の問題である。

　音節の画定法には、最大頭子音の原則(Maximal Onset Principle)と呼ばれる原則がある。この原則によると、当該言語の音節構造の条件に違反しない限り、頭子音が最大になるように画定される。母音 V_1 – 子音 C – 母音 V_2 のように3つの音が並んでいる場合、C を V_1 の後ろに付けて V_1C – V_2 と区切る可能性と、C を後ろの V_2 の頭に付けて V_1 – CV_2 と区切る可能性が考えられる。前者の可能性を採ったのでは、V_2 の手前に生じる子音が何もなく、頭子音が大きくならない。一方後者の可能性を採るならば、V_2 の手前に子音が現れることになり、頭子音を最大化するという原則に適うことになる。

　原則の但し書きで述べられている「当該言語の音節構造の条件」というのは概ね、最大化の結果得られる音節の頭の子音連続が、当該言語の語頭の位置に生じ得るような子音の連続と一致するということを意味している。pre-scribe における i の音 [ai](音韻論では綴りではなく発音を問題にしている点に注意)を中心とする音節の頭子音を最大化しようとすると、pre-scribe と分けられる。このように分ければ、[ai] の手前に3つの子音が連続することになる。[skr] という子音の連続は screen や scream などの語頭に生じるので、

英語の音節構造の条件に違反していない。これに対して、construct においてuの母音 [ʌ] を中心とする音節の頭子音を最大化しようとするとco-nstruct というふうに分けられる。だが、英語には [nstr] で始まる語が存在しないので、このように音節を画定することは許されない。con-struct とすれば、[str] という子音の連続は strike や stream などの語頭に生じるので、英語の音節構造の条件に適っている。

✄ 音節の軽重

音節には「軽音節」と「重音節」の 2 種類がある。軽音節というのは、短母音だけから成るような文字どおり軽い音節、一方、重音節というのは、長母音か二重母音を含むか、あるいは短母音の後に子音(尾子音)を伴うような、重い音節のことを指す。

(19) a. 　軽音節：短母音で終わる音節(pi-ty)
　　 b. 　重音節：(ⅰ)長母音か二重母音を含み、随意的に子音が
　　　　　　　　　　続く音節(see、seen、high、hide)、または
　　　　　　　　(ⅱ)短母音の後に子音が続く音節(cut、hint)

音節の軽重の区別は、強勢の位置を決める上で重要な役割を果たすことになる。

✄ 2 音節動詞の強勢配置

語が cat、cut、stand、strike のように 1 つの音節から成る場合には、問題なくその音節に強勢が置かれる。2 つの音節から成る場合には、前の音節に置かれる可能性と後の音節に置かれる可能性がある。まず動詞の場合について、どちらの音節に強勢が置かれるかを考えてみよう。

次の(20)では、第 2 音節(後ろの音節)が長母音または二重母音を含んでおり、重音節となっている。第 2 音節の所に強勢が置かれている。

(20)　pur-súe　a-llów　de-láy　de-ný　dis-máy　en-jóy　en-dów

次の(21)でも第2音節が長母音または二重母音を含んでおり、しかも子音で終わっているので、重音節である。これらの場合も、強勢は第2音節に置かれている。

(21)　be-líeve　com-pléte　e-stéem　em-bárk　im-próve　in-créase　ob-sérve
　　　com-pláin　con-táin　de-cíde　de-scríbe

次の(22)では、第2音節の母音は短母音であるが、その後に子音が2つまたは3つ続いている。第2音節は重音節であり、やはりそこに強勢が置かれている。なお attend, suggest では、-tt-、-gg- という具合に綴りの上では2文字であるが、発音の上では子音1音である。音節の画定では音を問題にしているので、2文字まとめて1音として扱う。音節の画定(syllabication)と綴りの「わかち書き」のハイフン分け(hyphenation)とは別である点に注意。

(22)　a-tténd　con-síst　de-mánd　di-gést　ex-péct　pro-tést　se-léct
　　　su-ggést　ex-émpt

これらの例からすると、第2音節が重音節である場合には第2音節に強勢が置かれる、ということができる。
　今度は(23)の語の強勢を見てみよう。第2音節は短母音で終わっており、軽音節となっている。第1音節の方も短母音で終わっており、軽音節である。軽音節＋軽音節という組み合わせになっており、このような組み合わせでは、強勢は第2音節ではなく、第1音節に置かれる。

(23)　bú-ry　cá-rry　có-py　fé-rry

次の(24)では、第2音節が短母音と子音から成っており、音節の定義(19bⅱ)からすると、重音節ということになる。

(24)　bá-nish　có-vet　hí-ccup　pú-nish　vá-nish

第2音節が重音節であるにもかかわらず、強勢の配置は軽音節＋軽音節の(23)と同じになっている。つまり第2音節が軽音節と同じように振る舞っているのである。そこで、最終音節の母音に続く最後の子音は余分な要素であり、無視されるものと考えてはどうであろうか。強勢配置の際に無視されるような余分な要素を、専門用語では韻律外(extrametrical)要素と呼んでいる。第2音節の最後の子音が韻律外要素であり、それゆえ無視されるとなれば、下記(25)に見るように、第1音節も第2音節も共に軽音節ということになり、(23)と同じ軽音節＋軽音節の組み合わせになる。

(25)　ba - ni　sh
　　　軽　軽　無視

なお、最後の子音が韻律外要素であるとなると、(21)および(22)の第2音節の最終子音も韻律外要素として無視されることになるが、(21)では第2音節の母音が長母音または二重母音であり、また(22)では短母音の後ろにもう1つ子音が続いているので、いずれの場合も第2音節は依然として重音節である。
　第2音節が重音節である場合には強勢が第2音節に置かれ((20)‐(22))、軽音節＋軽音節の組み合わせでは第1音節に置かれる((23)‐(24)を参照)。となると、強勢の配置を決めるには、まず後ろの方から音節の軽重を見ていき、第2音節が重音節であればそこに強勢が置かれる。第1音節が軽音節であるか重音節であるかは問わない。一方、重音節がなけれが自動的に第1音節に置かれることになる。こうした結果をまとめると、強勢の配置に関し

て次のような規則性があることになる。音節の軽重を決める際に、最終音節の末尾の子音が韻律外要素として無視される点に注意せよ。

(26) 強勢は
　　a. {重音節または軽音節} ＋重音節では、第2音節に置かれる。
　　b. 軽音節＋軽音節では、第1音節に置かれる。

　(26a)は、第2音節が重音節であるならばそこに強勢がくることを述べたものである。2音節から成る語では、「第2音節」とは「最も右側の音節」と同じことである。そこで「第2音節」というように具体的に音節位置を指定する代わりに「最も右側の重音節」と言い改めたとしても、これまでの用例に関しては同じような結果が得られる。同様に、(26b)に「第1音節」という具体的な言い方の代わりに「右から2番目の音節」と言い改めても、これまでの用例に関しては同じような結果となる。こうした言い方を用いて(26)を改めると、(27)のようになる。

(27) 強勢は
　　a. 最も右側の重音節に置かれる。
　　b. 重音節がなければ、右から2番目の音節に置かれる。

(27)の方が(26)よりもすっきりしている。(26)と(27)では、実際に強勢の配列を決める際に違いが生じてくるのだろうか。ここでは(a)の修正について見ることにする。(b)の修正の有効性については115頁の(42b)で見る。
　これまで、重音節＋軽音節から成るような組み合わせについては見てこなかった。このような事例は、「第2音節」が重音節ではないのだから(26a)に該当しておらず、また軽音節＋軽音節の組み合わせではないのだから(26b)にも該当しない。したがって(26)では扱うことができない。一方(27a)からすると、第2音節が軽音節なので、代わりに第1音節が「最も右側の重音

節」に相当することになる。(27a)からすると重音節＋軽音節の組み合わせでは、第1音節に強勢がくることが予測される。

　次のような例を考えてみよう。

(28) a.　áu-dit　　fá-vor　　ó-pen
　　 b.　cán-cel　púb-lish　wít-ness

音節を終わりの方から見ていくと、まず第2音節は短母音＋子音から成っている（見ていく順番は右から左への方向であるが、第1、第2というのは語頭から右への順番なので、混乱しないように注意）。末尾の子音は韻律外要素として無視されるので、第2音節は軽音節である。次に第1音節は、(28a)では母音が長母音または二重母音なので重音節、(28b)では短母音＋子音なのでやはり重音節である。

(29) a.　au - di　t　　　b.　can - ce　l
　　　　重　軽　無視　　　　　重　軽　無視

　(28)の語はいずれも重音節＋軽音節という音節から成り立っている。このような音節の組み合わせは、(26)では扱えないが、(27a)からすると第1音節が「最も右側の重音節」に当たるので、そこに強勢が置かれることが正しく説明できる。

　2音節動詞の強勢が置かれる位置を整理すると次のようになる。(30)の(a)(b)(c)は(27a)によって説明され、(d)は(27b)によって説明される。

(30) a.　軽＋重́
　　 b.　重＋重́　⎫
　　 c.　重́＋軽　⎬ (27a)
　　 d.　軽́＋軽　—(27b)

✂ 2音節名詞の強勢配置

　今度は(27)の原則が、2音節から成る名詞にも当てはまるかどうかを見てみよう。まず第1音節に強勢が置かれる名詞の例から見ていこう。(31)の語は、軽音節＋軽音節という2つの軽音節から成り立っており、(27b)により第1音節に強勢が置かれる。

(31)　cí-ty　có-ffee　dá-ddy　pí-ty　pú-ppy

　下記(32)の第2音節では、短母音の後ろに子音が1つ生じている。末尾の子音は韻律外要素として無視されるとすると、第2音節は軽音節である。第1音節も軽音節なので、軽音節＋軽音節の組み合わせであり、(27b)により第1音節に強勢が置かれる。

(32)　á-tom　bí-shop　bló-ssom　cló-set　rá-cket　té-nnis

　次の(33)でも、第2音節末尾の子音が無視されると、第2音節は軽音節である。第1音節は重音節なので、これが「最も右側の重音節」に該当する。(27a)により第1音節に強勢が置かれる。

(33)　Á-pril　á-pron　bó-nus　chó-rus　pén-cil

　今度は(34)を見てみよう。(34a)では第2音節が長母音または二重母音で終わっており、明らかに重音節である。(34b)の第2音節は子音で終わっているが、母音が長母音または二重母音なので、末尾の子音が韻律外要素として無視されたとしても、依然として重音節である。どちらの場合も、(27a)により第2音節に強勢が置かれる。

(34) a.　bam-bóo　ca-nóe　ca-réer　Ju-lý　sin-cére　ta-bóo

b. a-lért ba-lóon do-máin e-líte ma-chíne po-líce

　名詞と動詞の間で強勢配置の相違が生じるのは、第2音節が短母音と2つ以上の子音から成る場合である。動詞では、(22)で見たように第2音節が短母音と2つ以上の子音から成る場合には、最終子音だけが韻律的に余剰な要素と見なされる。それが無視されても、短母音の後ろにもう1つ子音が続いているので、第2音節は依然として重音節である((25)の下の説明を参照)。したがって(27a)によって、第2音節に強勢が置かれる。ところが名詞がこのような音節構造をしている場合には、第1音節に強勢が置かれる。次例(35)の第2音節は、短母音の後ろに子音が2つ続いている。最終子音だけが無視されるのであれば、第2音節は短母音と子音1つから成り立っていることになり、重音節と見なされる。(27a)により、第2音節に強勢が置かれるはずであるが、実際には第1音節に強勢が置かれている。

(35) bá-lance chá-llenge ín-sult lé-gend pré-sence

　次例(36)でも、第2音節が短母音と2つの子音から成り立っている。最終子音だけが無視されるのであれば、第2音節は短母音と子音1つから成る重音節である。これが「最も右側の重音節」に該当するので、第2音節に強勢が置かれるはずである。ここでも実際には、第1音節に強勢が置かれる。

(36) ál-mond ád-vent cón-tact gár-ment hár-vest ób-ject súb-ject

　そこで名詞では、第2音節の最終子音だけではなく、母音に続くすべての子音が韻律外要素として無視されると考えてみてはどうであろうか。(35)(36)では第2音節の母音が短母音なので、母音に続く子音がすべて無視されるならば、第2音節は短母音で終わる軽音節ということになる。

(35)は軽音節＋軽音節の組み合わせとなり、(27b)により第1音節に強勢が置かれる((37a))。また(36)では重音節＋軽音節の組み合わせとなり、第1音節が「最も右側の重音節」に該当するので、(27a)によりやはり第1音節に強勢が置かれることになる((37b))。

(37) a.　bá - la　nce　　　b.　ál - mo　nd
　　　　　軽　軽　無視　　　　　重　軽　無視

そうだとすると動詞と名詞における強勢配置の違いは、韻律外要素の扱いの違いにあると言える。動詞では最終音節の末尾の子音だけが韻律外要素であったのに対して、名詞では最終音節の母音に続く全ての尾子音が韻律外要素と見なされる。このような韻律外要素における相違を認めるならば、(27)の強勢配置の原則はそのままにしておいて、動詞の強勢と名詞の強勢の両方を扱うことができる。

名詞では最終音節内の母音に続く子音がすべて無視されるとなると、名詞の最終音節の軽重はもっぱら、母音の種類(長母音または二重母音か、短母音か)によって決まることになる。後続する子音の有無に関係なく、母音が長母音または二重母音ならば重音節、短母音ならば軽音節ということになる。

(35)(36)の内のいくつかの名詞は、動詞としても用いられる。よく知られているように、名詞の場合には第1音節に強勢がくるのに対して、動詞では第2音節にくる。

(38)　cón-test　(N)　　　con-tést　(V)
　　　cón-tact　(N)　　　con-táct　(V)
　　　ín-sult　(N)　　　in-súlt　(V)
　　　ób-ject　(N)　　　ob-ject　(V)
　　　súb ject　(N)　　　sub-ject　(V)

名詞では第 2 音節の尾子音すべてが無視されるのに対して動詞では最終子音だけが無視されるので、動詞では第 2 音節が依然として重音節である。そのために動詞では、(27a)によって第 2 音節に強勢が置かれるのである。

(39) a.　cón - te　st　(N)　　　b.　con-tés　t　(V)
　　　　重　軽　無視　　　　　　　　　重　　無視

✄ 3 音節以上の語の強勢配置

　今度は 3 音節以上から成る語の強勢を考えてみよう。次の(40)の語は 3 音節から構成されており、語末から 3 番目(前から 1 番目)の音節に第 1 強勢が置かれている。

(40)　á-tti-tude　cí-ne-ma　én-ti-ty　há-rri-cane　éx-er-cise　pé-di-gree

　次の(41)の語は 4 音節から構成されており、第 1 強勢がやはり語末から 3 番目(前から 2 番目)の音節に置かれている。

(41)　A-mé-ri-ca　an-tí-ci-pate　cu-rrí-cu-lum　e-có-no-my　so-lí-di-fy
　　　so-lí-di-ty

　上記(40)と(41)では、最終音節が軽音節のものもあれば重音節のものもあるが、共通して語末から 2 番目の音節が軽音節である。もし最終音節全体が韻律外要素として無視されるとするならば、後ろから数えて 3 番目(最終音節を数に入れなければ、2 番目)の音節が重音節ならば重音節＋軽音節の組み合わせとなり、(27a)によって語末から 3 番目の音節に強勢が置かれることになる。後ろから 3 番目(最終音節を数に入れなければ、2 番目)の音節が軽音節ならば軽音節＋軽音節の組み合わせになり、今度は(27b)により語末から 3 番目の音節に強勢が置かれることになる。

(42) a. én - ti - ty　　　b. A - mé - ri - ca
　　　　重　軽　無視　　　　　軽　軽　無視

　そこで 3 音節以上の語の強勢配置に関しては、最終音節全体が韻律外要素であると仮定することができる。そのために、最終音節を無視して、終わりから 2 番目と 3 番目の音節について (27) の原則を当てはめる。(42a) では (27a) により終わりから 3 番目の重音節(最終音節を無視した結果、「最も右側の重音節」)に、(42b) では (27b) によりやはり終わりから 3 番目の軽音節(最終音節を無視した結果、「右から 2 番目の音節」)に強勢が置かれる。(42b) に関しては、(26b) のように「第 1 音節」と定めておいたのでは、うまく扱えない点に注意。
　こうした扱いが妥当であることは、(43) のように 3 音節以上から成り、語末から 2 番目の音節に強勢が置かれているような語からも裏付けられる。

(43)　A - ri - zó - na　　a - ré - na　　a - ró - ma　　de - fí - ant　　de - sí - rous　　tor - ná - do

　これらの語では、語末から 2 番目の音節が重音節である。語末の音節がすっかり無視されるとすれば、語末から 2 番目の音節が「最も右側の重音節」に該当することになり、(27a) によりそこに強勢が置かれる。

(44)　A - ri - zó - na
　　　　　　重　無視

　強勢配置を決定する際に無視される要素(韻律外要素)をまとめると、次のようになる。

(45) a.　2音節の動詞：　　最終音節の末尾の子音
　　 b.　2音節の名詞：　　最終音節の母音に続くすべての尾子音
　　 c.　3音節以上の語：　最終音節全体

　韻律外要素の扱いに関してバリエーションをもたせることにより、動詞、名詞いずれの場合も同じ原則(27)によって取り扱うことができる。
　強勢の配置はたいへん複雑であり、(27)の2つの原則では扱い切れない例もあるが、本章における説明から、何万、何十万とある英単語の強勢配置の背後に極めて一般性の高い規則性が潜んでいるということがお分かりいただけるであろう。

練習問題

1. 次の(a)名詞および(b)動詞について、まず音節に分けなさい。次にそれらの語の強勢配置を(27)の規則で説明しなさい。
    (a) blánket　tyhóon　álphabet　gárment　Lóndon　Chinése
    　　critérion　fámine
    (b) admíre　trável　confíne　abándon　implý　detérmine
2. 次の語はいずれも形容詞である。これらの語の強勢配置を(27)の原則および韻律外要素の扱いにしたがって説明しなさい。韻律外要素として扱う音が最終音節の末尾1つだけである場合には、品詞による相違がない点を思い起こしなさい。
    (a) bítter　cléver　hóly　prétty
    (b) Brítish　cívil　réal　vívid
    (c) ángry　clúmsy　cózy　dándy
    (d) éven　húmid　lúcid　ténder
    (e) absúrd　alíve　discréet　innáte
    (f) árrogant　dífferent　élegant　óbvious　rélevant

3. 次の形容詞では、第2音節が短母音と複数の子音で終わっている。強勢配置を説明するには、第2音節の子音を韻律外要素と見なければならないが、その際、動詞と同様に最終子音だけが無視されるのだろうか、それとも名詞と同様に母音以降のすべての子音が無視されるのだろうか。すなわち、形容詞は動詞と同じように扱われるのだろうか、名詞と同じように扱われるのだろうか。

 ab-rúpt　a-dépt　a-ghást　con-tént　in-stínct　ro-búst

本章の要点

　ことばの一番小さな単位である音は、発声器官の様々な要因(調音法、調音点、有声・無声、舌のそり上がり位置、唇の丸めなど)を組み合わせて作られる。音を組み合わせることにより、より大きな単位である語や句が作られる。音と音の組み合わせ方によっては、一方の音が他方の音に影響を与えること(同化や異化など)がある。音の生成、組み合わせ、影響などにおいても、規則性が見られる。

　ことばの発声は、単に音の組み合わせだけではなく、強勢のようなプロソディ(韻律)を伴う。プロソディを決める際にも、音節の数や、その軽重、韻律外要素などを計算して決められる。言語音の発声においても、記号の計算操作が行われているのである。

第 6 章　意味論

6.1　意味の成分分析

英語版の辞書で、例えば father、mother、son、daughter という語を引いてみると、おおよそ次のような意味が与えられている。

（1）a.　father:　　a male parent of a child
　　　b.　mother:　a female parent of a child
　　　c.　son:　　　a male child of a parent
　　　d.　daughter: a female child of a parent

(a)と(b)、(c)と(d)では、修飾語が male であるか female であるかの点でのみ相違している。また(a)(b)と(c)(d)との間では、child と parent の関係が逆転しているだけである。

✂ 意味成分

(1)では4語の意味を定義するのに male、female、child、parent という基礎的な語彙が用いられているが、これらの語彙は例示された4語の定義だけに必要なわけではない。male、female は、father – mother、brother – sister、uncle – aunt などの定義にも用いられるし、動物の性別(cock〈おんどり〉– hen〈めんどり〉、stallion〈雄馬〉– mare〈雌馬〉、bull〈雄牛〉– cow〈雌牛〉など)、文法上の区別(he, she, himself, herself など)、属性(virility〈男らしさ〉– muliebrity〈女らしさ〉、paternity〈父性〉– maternity〈母性〉

など)にも用いられる。parent、child という語も、親子関係(parentage〈親であること〉、offspring〈子〉、descendant〈子孫〉など)、動物の親子(horse – colt〈仔馬〉、goat – kid〈子ヤギ〉、dog – puppy〈子犬〉など)などの語を定義するのに用いられる。基本的な語の意味が、さまざまな語の意味の「成分」として含まれているのである。

　語の意味から基本的な意味成分(semantic component)を抽出して、意味成分に基づいて語の意味を定義しようとする試みを、意味の成分分析(componential analysis)という。意味成分の中には、ある性質を持っているか否かという具合に 2 分化できるものがある。例えば性別ならば、男性という性質を持つ(男である)か、持たない(女である)かのいずれかである。また親子関係ならば、親という属性を持つ(親である)か、持たない(子供である)かのいずれかである。そのような意味成分は、[±Male]、[±Parent] のように 2 分法(＋か－)で表すことができる。2 分化できる意味成分を意味素性(semantic feature)という。

　(1)の語は、意味素性を用いて次のように定義することができる。

(2) a. father:　　[＋Human] [＋Male] [＋Parent]
　　 b. mother:　 [＋Human] [－Male] [＋Parent]
　　 c. son:　　　[＋Human] [＋Male] [－Parent]
　　 d. daughter: [＋Human] [－Male] [－Parent]

　多くの英語辞典では、上で例示した語に限らずすべての語の意味を、なるべく基本的な限られた語数(3～4 千語程度)の語彙を用いて定義しようとしている。これは、意味成分に相当するような基本的な語彙でもって何万、何十万という語の意味を定義することができる、という考え方に立っているためである。

✂ 意味関係

　意味素性を用いた意味の定義は、語の間の意味関係を捉える上でも有効である。girl と lass、boy と lad はほぼ同義語(synonym)関係にあるが、これは対をなす語の意味素性の組み合わせが同じであるからである。father と mother、son と daughter はそれぞれ反義語(antonym)関係にあるが、これは対を成す語が 1 つの意味素性に関して値(＋か－か)が対立しているからである。

　Spinster(未婚女性)の意味の中には [－Married]、[－Male] という素性が含まれている。spinster という語の一部にすでに [－Married] とか [－Male] という素性が含まれているので、female spinster(女の未婚女性)とか unmarried spinster(未婚の未婚女性)などという表現は余剰的な(redundant)関係にあり、また male spinster(男の未婚女性)とか married spinster(既婚の未婚女性)という言い方は矛盾した(contradictory)関係にある。さらに [＋Human] という素性が含まれているので、The spinster is a human being という文は常に正しい文であり、分析的な(analytic；常に真である)関係にあるという。

✂ 選択制限

　意味素性は、動詞に課せられている選択制限を説明する上でも有効である。動詞は、その主語や目的語として取り得る名詞句の種類に関して意味的な制限が課せられている。この制限を選択制限(selectional restriction)という。例えば eat という動詞は、その目的語として「食べ物」の名詞句を取ることができる。目的語に [＋Edible] という選択制限が課せられているのである。[＋Edible] という素性を持つ名詞は eat の目的語に生じることができるが、それを持たない名詞は生じることができない。

(3) a.　He will eat the potato/banana/cake.
　　 b.　*He will eat the cliff/ocean/moon.

動詞 want の主語は感情を抱くものに限られており、[＋Human] という選択制限が課せられている。したがって、(4a)のような文は適格であるが、(4b)のような文は不適格である。

（4） a.　The spinster wants a cup of milk.
　　　b.　*The cliff wants a cup of milk.

> **練習問題**
>
> 1. 次の対は、どのような意味素性の点で相違しているだろうか。
>   （a）　nephew – niece　　（b）　deer – fawn
>   （c）　maximum – minimum　　（d）　Antarctic – Arctic
>   （e）　fraternity – sorority
> 2. 次の動詞の目的語または主語に課せられている選択制限を指摘しなさい。
>   （a）　The accident surprised {the teachers/*the democracy}.
>   （b）　She drinks {beer/*ice cream}.
>   （c）　{Monkeys/*Oaks} can understand language.
>   （d）　{They/*She} assembled in the hall.
>   （e）　He read {the letter/*the picture}.

6.2　動詞の成分分析

✄ 概念範疇

　動詞の意味も、いくつかの成分に分解することができる。動詞はよく、動作または状態を表すと言われる。状態動詞を含む文はある物または事の状態（state）を表現し、一方、動作動詞を含む文は、ある物または事に関する出来事（event）を表現する（「出来事」には状態を含める場合もあるが、ここでは

動作や行為を表わすものに限定する)。文という統語上の単位(統語範疇)は、したがって、「ある物の状態」とか「ある事の出来事」という意味上の単位を表現している。これらの意味上の単位を概念範疇(conceptual category)と呼ぶことにしよう。

「状態」という概念範疇は、「～は～だ」ということを意味する同定的(identificational；本来の同定に叙述(predication)も含む)や、「～が～にある」という意味の存在また空間的位置(spacial position)や、さらに「～は誰々のものである」という意味の所有(possession)について成り立つ。ある概念範疇が成り立つ意味の領域を、意味領域(semantic field)という。「状態」という概念範疇は、同定的、空間位置、所有という3つの意味領域に共通して成り立つ。次の3文はいずれも「状態」を表しており、相違しているのは、その状態がどの意味領域で成立するかという点である。

(5) a. The book is thick. (同定的)
　　b. The book is on the table. (空間位置)
　　c. The book is John's. (所有)

(5)から明らかなように、「状態」は最も典型的に、be 動詞で表される。be 動詞以外にも stay、remain、continue、maintain のような動詞によって表すことができるが、これらの動詞には共通して、「状態」を表す be 動詞の意味が含まれている。「状態」の動詞に共通する意味成分を BE で表すことにすると、「状態」という概念範疇は共通して、次のように表現される。

(6) 　STATE → X BE Y

X には人とか物など事物が現れ、Y には状態の内容が現れる。Y の内容は概ね、同定的の場合には属性を((5a)参照)、空間位置の場合には場所を((5b)参照)、所有の場合には所有者を((5c)参照)それぞれ表すことになる。なお

名詞の成分分析で用いられた意味素性というのは、[±Male] のように、ある特性に該当するか否かを＋または－で表せるような意味成分のことである。BE のような意味成分は、こうした二分法の意味素性として表すことができない。意味素性を含めて多くの語の意味に共通している意味上の成分を、広く「意味成分」と呼んでいくことにしよう。

　文のもう1つの概念範疇である「出来事」には、いくつかの下位範疇が含まれる。その1つは、ある状態が別の状態へ「変化する」という内容である。「変化」という概念範疇も、同定的、空間位置、所有の3つの意味領域に共通して成り立つ。次の3文はいずれも状態の「変化」を表しており、相違しているのは、その変化がどのような意味領域において生じるかという点である。

(7) a.　The man went insane.　　　　　　　　　　　　　　（同定的）
　　 b.　The train went to New York.　　　　　　　　　　 （空間位置）
　　 c.　The inheritance went to Mary.　　　　　　　　　（所有）

「変化」は典型的に、(7)にみるとおり go という動詞で表現できるが、go 以外にも「変化」を表す動詞がたくさんある。意味領域の種類によって多少異なるが、come、become、turn、change、develop、move 等はいずれも「変化」を表す。これらの「変化」動詞に共通する意味成分を GO で表すと、「出来事」という概念範疇(の1つである「変化」)は次のように表現される。

(8)　　EVENT → X GO Y

(8)の X には変化を受ける人や物が現れ、Y には変化の結果生じる(あるいは、たどり着く)属性や((7a) 参照)、場所や((7b) 参照)、所有者((7c) 参照)が現れる。

　ある出来事を引き起こす概念範疇を「使役」という。「使役」も「出来

事」という概念範疇の下位範疇の1つである。make、render、turn などは同定的の使役を、send、transmit、direct などは位置移動の使役を、また give、present、provide などは所有の使役を表す動詞である。

(9) a. John made the room clean. 　　　　　　　　　　　（同定的）
　　 b. John sent the package to New York. 　　　　　　（空間位置）
　　 c. John gave the money to Mary. 　　　　　　　　　（所有）

(9)では共通して、(8)で表されるような状態の変化という出来事を引き起こすという意味が表現されている。状態の変化という出来事が意味の一部として含まれているのである。「使役」に共通する意味成分を CAUSE で表すと、「出来事」という概念範疇(の下位範疇である「使役」)は、(10)のように表現できる。Z として使役を行う人(仕手)が現れており、CAUSE の目的語は(8)でみた「状態の変化」という出来事である。

(10)　EVENT → Z CAUSE (X GO Y)

意味成分の組み合わせ

動詞の意味にも、BE、GO、CAUSE のような共通の意味成分が含まれており、それらを組み合わせることによって動詞の意味を定義することができる。例えば、動詞 kill は死んだ状態になることを引き起こすという意味であり、cook は食べられる状態になることを引き起こすという意味である。こうした「ある状態」に「変化」することを「引き起こす」という内容の動詞には、BE や GO、CAUSE が含まれている。

(11) a. kill = Z CAUSE (X GO (X BE dead))
　　 b. cook = Z CAUSE (X GO (X BE ready to eat))

melt や sink、open、widen などは、自動詞でも他動詞でも用いられる。これらの動詞を辞書で引いてみると次のような意味が記されている。

(12) a.　melt ＝　（cause）to become liquid
　　 b.　sink ＝　（cause）to go down below a surface
　　 c.　widen ＝（cause）to become wide

使役を表す cause や、変化を表す become や go（いずれも GO という意味成分にまとめることができる）が、いずれの動詞の意味にも含まれている。他動詞と自動詞の違いは、CAUSE という意味成分が含まれるか否かの違いに求めることができる。

練習問題

1.　英語（英英）辞典で kill、murder、assassinate の意味の相違を調べなさい。どのような点で類似していて、どのような点で相違しているだろうか。
2.　次のグループに共通している意味を抽出しなさい。そして、それぞれのグループに共通して現れている派生形態素の「意味」を、特定化しなさい。
　　（a）　enlarge　enrich
　　（b）　disagree　disappear
　　（c）　undress　unbotton
　　（d）　defrost　demilitarize
3.　次の動詞の意味を意味成分に分割しなさい。
　　　　（a）revive　　（b）awake　　（c）boil　　（d）recognize

6.3 意味役割

✂ 意味役割の種類

次の例文(a)と(b)では、斜体部および下線部が文中で占めている位置が異なっているが、「意味的に」類似しているように感じられる。何故なのだろう。

(13) a. Mary sank *the boat* <u>to the bottom</u>.
  b. *The boat* sank <u>to the bottom</u>.
(14) a. Bill sprayed *paint* <u>on the wall</u>.
  b. Bill sprayed the wall *with paint*.
(15) a. *A bud* develops <u>into a blossom</u>.
  b. <u>A blossom</u> develops *from a bud*.
(16) a. *An old woman* lived <u>in the woods</u>.
  b. <u>In the woods</u> lived *an old woman*.

　文の動詞が決まると、それと一緒に現れる句の数や句の統語範疇が自動的に決まる。例えば sink という動詞は他動詞としても自動詞としても用いられるが、他動詞の場合には、主語の名詞句、目的語の名詞句、前置詞句をそれぞれ1つずつ取り、また自動詞の場合には、主語の名詞句と前置詞句を1つずつ取る((13)参照)。
　動詞はさらに、それと一緒に現れる句の文中における意味的な役割を決定する。(13a)では、主語の名詞句が行為を引き起こす人、目的語の名詞句がその行為の影響を被り空間的移動を行うもの、そして前置詞句が移動の到着点、という役割をそれぞれ果たしている。一方(13b)では、主語の名詞句が空間移動を受けるもの、前置詞句が移動の到着点という役割を果たしている。こうした名詞句や前置詞句が1つの文の中で動詞に対して果たしている意味的な役割を、意味役割(semantic role)または θ (シータ)役割(θ role)という (θ は下記(17b)の Theme に近い発音のギリシャ文字を当てたもの)。

主な意味役割を挙げると次のようなものがある。

(17) a. 行為者(Agent)： 行為を引き起こす人
 b. 主題(Theme)： ある状態にあるもの。または行為の影響を被り、空間移動や状態変化を受けるもの
 c. 場所(Locative)： 状態が成り立つ場所
 d. 経路(Path)： 移動や状態が経る通過点や方向
 e. 起点(Source)： 移動や状態の出発点
 f. 着点(Goal)： 移動や状態の到達点

起点と着点は、経路の一部(始点と終点)と見ることもできる。
　これらの意味役割を(13)–(16)に現れている句に当てはめてみると、次のようになる。

(13) a. Mary　sank　*the boat*　to the bottom.
　　　　行為者　　　　主題　　　　着点

 b. *The boat*　sank　to the bottom.
　　　主題　　　　　　　着点

(14) a. Bill　sprayed　*paint*　on the wall.
　　　行為者　　　　　主題　　　着点

 b. Bill　sprayed　the wall　*with paint*.
　　　行為者　　　　　着点　　　　主題

(15) a. *A bud*　develops　into a blossom.
　　　起点　　　　　　　　着点

 b. A blossom　develops　*from a bud*.
　　　着点　　　　　　　　　起点

(16) a. *An old woman*　lived　in the woods.
　　　　　主題　　　　　　　　場所

b.　<u>In the woods</u>　lived　*an old woman.*
　　　　　場所　　　　　　　　　　主題

斜体部および下線部の語句は、(a)と(b)において同じ意味役割を果たしている。(a)と(b)の文が意味的に類似しているのは、そこに現れている斜体部および下線部が同じ意味役割を果たしているからである。

✂ 意味役割と意味成分

　(17)の意味役割の説明は、§6.2で見た動詞の意味成分と深く関連している。行為者は動作を引き起こす役割をしており、そのような要素は意味成分CAUSEの主語に相当する。主題は状態や空間移動あるいは状態変化を受ける要素であるから、意味成分BEとかGOの主語に相当する。場所は状態が成り立つ所であるから、意味成分BEの補部に当たる。経路は空間移動や状態変化が経る道筋であるから、意味成分GOの補部に当たる。そうだとすると意味役割は、次のように動詞の意味成分に基づいて定めることができる。

(18)　行為者：(Z CAUSE …)におけるZ
　　　主題：　(X BE Y)または(X GO Y)におけるX
　　　場所：　(X BE Y)におけるY
　　　経路：　(X GO Y)におけるY
　　　起点：　(X GO Y)におけるY(特にFROM Y)
　　　着点：　(X GO Y)におけるY(特にTO Y)

動詞の意味を意味成分に分解することにより、その動詞が取る句の意味役割を意味成分に基づいて定めることが可能になる。

✂ 意味役割と統語現象

　意味役割が統語的現象に関わりを持つようなことがある。例えば、どの要素が文の主語になるかは意味役割と深く関係している。文の中に行為者があれば、必ずそれが主語として選ばれる((13a)(14)参照)。行為者がなくて主題があれば、通常主題が主語に選ばれる((13b)参照)。起点と着点の両方があり、どちらか一方が主語になれるならば他方も主語になることができる((15)参照)。

　意味役割はまた、受動文の適格性を決める上でも大きな役割を果たしている。(13)–(16)の能動文を受動文に変えると、次のような結果になる。

(19) a.　The boat was sunk to the bottom by Mary.
　　　　　主題　　　　　　着点　　行為者

　　b.　*The bottom was sunk to by the boat.
　　　　　着点　　　　　　　主題

(20) a.　Paint was sprayed on the wall by Bill.
　　　　　主題　　　　　　着点　行為者

　　b.　The wall was sprayed with paint by Bill.
　　　　　着点　　　　　　主題　行為者

(21) a.　*A blossom is developed into by a bud.
　　　　　着点　　　　　　　起点

　　b.　*A bud is developed from by a blossom.
　　　　　起点　　　　　　　着点

(22) a.　*The woods is lived in by the old woman.
　　　　　場所　　　　　　主題

　通常、他動詞の目的語か、または自動詞に続く補部内の前置詞句の目的語であるならば、受動文の主語になることができる(§2.3)。上例に含まれている前置詞句はいずれも動詞の補部であるので、受動文の主語になれるはず

ある。だが実際には、なれる場合となれない場合がある。その可能性の違いは、受動文の主語と by 句の間の意味役割関係にありそうである。適格な文と不適格な文との間には、意味役割関係の点でどのような違いがあるだろうか。

まず意味役割の間に、次のようないわば優位さに関する序列があるものと仮定しよう。左側にある意味役割ほど優位である。

(23) 意味役割の序列
行為者 > 場所、経路(起点、着点) > 主題

(19) – (22)の受動文の主語と by 句の意味役割を(23)の序列に照らし合わせて比較してみると、次のようになる。左側が受動文の主語、右側が by 句である。不等号が開いている方が、(23)の序列において上位であることを示している。

(19') a. 主題 ＜ 行為者
b. *着点 ＞ 主題
(20') a. 主題 ＜ 行為者
b. 場所 ＜ 行為者
(21') a. *着点 ＝ 起点
b. *起点 ＝ 着点
(22') a. *場所 ＞ 主題

適格な(19'a)(20'a)(20'b)では by 句の方が高い序列にあるのに対して、不適格な(19'b)(21'a)(21'b)(22'a)では主語の方が高い序列にあるか、by 句と同位である。

そこで受動文には、(23)の序列に基づいて定義される次のような条件が課せられているものと考えられる。

(24)　意味役割の序列(23)において、by 句は受動文の主語よりも上位でなければならない。

　(19')–(22')で不等号が右側に開いている事例は(24)の条件に合致しているが、不等号が左開きかまたは等号になっている事例は(24)の条件に違反している。
　(19)–(22)の例からすると、by 句が行為者である場合にのみ受動文が適格であるかのように見えるが、行為者ではなくても(24)の条件を満たしていれば適格となる((25a)では意味役割の性質からして、by の代わりに in が用いられる)。

(25)　a.　The ideas are included in the proposal.
　　　　　主題　　　＜　　　　場所
　　　b.　The letter was received by the manager.
　　　　　主題　　　＜　　　　着点

　他動詞であっても受動文にすることができない場合がある。それは動詞が、下記(26a)(27a)のように状態を表している場合である。

(26)　a.　The book costs ＄10.
　　　　　主題　　＜　　場所
　　　b.　＊＄10 is cost by the book.
　　　　　場所　　＞　　主題

(27)　a.　The suit fits Sue.
　　　　　主題　　＜　　場所
　　　b.　＊Sue is fitted by the suit.
　　　　　場所　　＞　　主題

第 6 章　意味論　133

cost や fit のような状態を表す動詞の概念範疇には、意味成分として BE 動詞が含まれている。(18)からすると、BE の主語になる意味役割は主題、一方 BE の補部になる意味役割は場所である。つまり状態を表す他動詞の主語は主題、目的語は場所という意味役割を果たしていることになる。受動文では主語が場所、by 句が主題となるので、(24)の条件に違反することになる。

練習問題

1. 次の文に現れている名詞句、前置詞句の意味役割を述べなさい。
   - (a) The instructor taught English to the students.
   - (b) The students learned English from the instructor.
   - (c) The old man sold the young woman an old car.
   - (d) The young woman bought an old car from the old man.
   - (e) 100 persons sleep in this hotel.
   - (f) This hotel sleeps 100 persons.

2. 次の(a)(b)は本文中の sink の例(13a)(13b)とよく似ている。名詞句、前置詞句の意味役割を述べなさい。
   - (a) He jumped the horse over the fence.
   - (b) The horse jumped over the fence.

   ところが、(b)は受動文に換えることができる。
   - (c) The fence was jumped over by the horse.

   本文中(13b)の主語と上例(b)の主語はどのような点で異なるであろうか。(c)のような受動文が可能であることを(24)の条件で説明するためには、by 句の意味役割に関してどのような仮定をすればよいだろうか。

3. 上述の sink と jump との間には、他動詞および自動詞の用法において、第 1 章で見た -er の接辞が付くか否かという点でも相違が見られる。この相違はどのようなことを意味しているのだろうか。-er

が付く動詞の種類について思い出しなさい。自動詞と他動詞の両方の用法が可能で、しかも、受動化および -er の付加に関して sink または jump と同じような振る舞いをするような動詞を挙げなさい。

6.4　照応形の解釈

次の(28)には人称代名詞 her が含まれており、(29)には再帰代名詞 herself が含まれている。

(28)　Mary knows that Sue hates *her*.
(29)　Mary knows that Sue hates *herself*.

人称代名詞(以下簡単に、代名詞)や再帰代名詞は内容的に他の名詞句に依存しており、その名詞句との関係で誰を指しているのかが決まる。このような性質をした名詞句を照応形(anaphor)といい、それと照応している名詞句をその先行詞という。照応形の意味を理解するには、その先行詞を解釈しなければならない。(28)(29)では、代名詞 her、再帰代名詞 herself の先行詞が誰であると解釈されるのであろうか。

✂ 再帰代名詞の解釈

まず再帰代名詞の解釈から見ていこう。(29)の再帰代名詞 herself は女性形であり、当然その先行詞も女性を表す名詞句でなくてはならない。(29)には女性を表す名詞句として Mary と Sue の2つがある。だが herself の主語になれるのは Sue だけである。再帰代名詞の先行詞となる名詞句には、何らかの条件が課せられているようだ。

もう少し再帰代名詞が現れている例文を増やしてみよう。次の(30)にも2つの女性名詞(Mary と Sue)が現れているが、ここではどちらも再帰代名詞 herself の先行詞になることができる。

(30) Mary told Sue about *herself*.

　(29)と(30)の違いは、前者は複文であるのに対して、後者は単文であるという点である。単文(30)では、再帰代名詞と先行詞の2つの候補(つまり女性名詞)が共に同じ節の中に現れており、どちらの候補も先行詞になることができる。一方複文(29)では、再帰代名詞が従属節に現れており、先行詞の候補が従属節と主節にそれぞれ1つずつ現れている。実際の先行詞になれるのは、再帰代名詞と同じ従属節に現れている候補の方だけである。そうすると、再帰代名詞の解釈に関して、次のような条件が課せられているものと考えられる。

(31)　ある名詞句が、再帰代名詞と性・数・人称が一致していて、しかもそれと同じ節内にあるならば、再帰代名詞の先行詞として解釈される。

　次の(32)も、(30)と同様に単文である。当然再帰代名詞 herself と2つの候補(Mary と Mary's mother という2つの女性名詞)は同じ節に属しているが、実際に先行詞になるのは Mary's mother の方だけである。

(32)　Mary's mother hates *herself*.

同一節内にあるという条件以外に、さらに条件が課せられているようである。
　(32)の所有格名詞は、§2.3 で見たとおり、主語の名詞句の内部で指定部の位置を占めている。(32)の S 構造を表すと概略(33)のようになる。

(33)
```
                IP
         ┌──────┴──────┐
        NP₁             Ī
      ┌──┴──┐       ┌───┴───┐
     NP₂    N̄       I       VP
      │     │            ┌──┴──┐
   Mary's mother         V    NP₃
                         │     │
                       hates herself
```

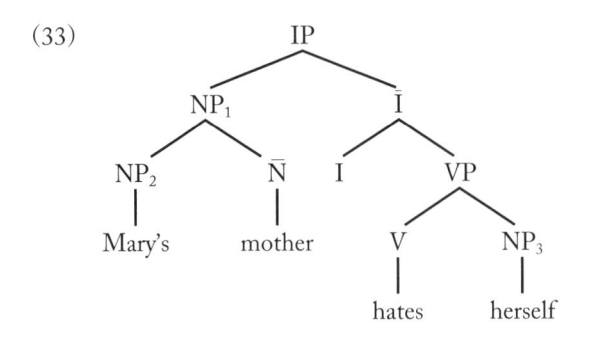

　再帰代名詞 NP₃ と、先行詞の候補である NP₁(Mary's mother)および NP₂(Mary)の関係を考えてみよう。直感的に言って、NP₁ は NP₃ よりも上方にある。一方 NP₂ は NP₁ の内部にあるので、NP₃ との上下関係を決めることはできない。そこで、再帰代名詞よりも上方にある名詞句のみが先行詞になる資格があるものと考えることができる。この「上下関係」を c 統御 (c-command) と呼び、もう少し正確に定義することにしよう。

(34)　ある要素 A を支配する最初の要素 C が別の要素 B をも支配しているとき、A は B を c 統御する。

　(34)で「支配する」というのは、「上にある」ということである。(33)を例にして見てみよう。NP₁ を支配する最初の要素として IP がある。IP は NP₃ をも支配している(つまり IP は NP₃ の上にある)ので、NP₁ は NP₃ を c 統御する。これに対して NP₂ を支配する最初の要素として NP₁ がある。NP₁ は NP₃ を支配していないので、NP₂ は NP₃ を c 統御しない。c 統御という概念を用いれば、再帰代名詞を c 統御している名詞句のみが、先行詞となる資格があるということができる。この点に留意するならば、再帰代名詞の条件(31)は、次のように改められることになる。

(35) ある名詞句が、再帰代名詞と性・数・人称が一致していて、しかもそれをc統御しており、かつそれと同じ節内にあるならば、再帰代名詞の先行詞と解釈される。

(29)ではMaryもSueもherselfをc統御しているが、Sueのみが再帰代名詞と同じ節内にある。(30)ではMaryもSueもherselfをc統御しており、しかも、どちらも再帰代名詞と同じ節の中にある。(32)ではMary's motherはherselfをc統御しているが、Maryはしていない。c統御と同一節内という2つの条件を満たして初めて、再帰代名詞の先行詞になれるのである。

✂ 代名詞の解釈

今度は代名詞の解釈を考えてみよう。代名詞の先行詞となる名詞句も、代名詞と性・数・人称が同じでなくてはならない。(28)((36)として再録)には2つの女性名詞(MaryとSue)が現れているが、どちらの女性名詞も代名詞herの先行詞になることができるのだろうか。

(36) Mary knows that Sue hates *her*.

(36)では、代名詞herの先行詞がMaryであるという解釈は成り立つが、Sueであるという解釈は成り立たない。代名詞の解釈の場合には、再帰代名詞の場合のように、必ず先行詞が同じ文の中になくてはならないというわけではない。herの先行詞がMaryであるという解釈も可能であるが、文中で言及されていない他の女性名詞が先行詞であるという解釈も可能である。しかしながら、Sueが先行詞であるという解釈は決して成り立たない。

そうすると、代名詞の解釈に関しては、どの名詞句が代名詞の先行詞になるかではなく、どの名詞句が先行詞になり得ないか、という条件が定められることになる。ある条件を満たしている名詞句は代名詞の先行詞になることができない。その条件とは、名詞句が再帰代名詞の先行詞となる条件と同じ

である。

(37) ある名詞句が、代名詞と性・数・人称が一致していて、しかもそれをc統御しており、かつそれと同じ節内にあるならば、代名詞の先行詞とは解釈されない。

再帰代名詞の先行詞になる条件のもとでは代名詞の先行詞になれないのである。そうだとすると(30)(32)の再帰代名詞を代名詞に置き換えるならば、再帰代名詞の場合と正反対の結果が出るはずである。つまり、再帰代名詞の先行詞となるものは代名詞の先行詞とはなれず、逆に再帰代名詞の先行詞となれないものが代名詞の先行詞となる可能性がある。

(38) Mary told Sue about *her*.
(39) Mary's mother hates *her*.

予測どおり、(38)では Mary も Sue もどちらも her の先行詞になることができない。(39)では Mary's mother は her の先行詞になれないが、Mary はなることが可能である。再帰代名詞の先行詞が現れる所には代名詞の先行詞が現れず、代名詞の先行詞が現れ得る所には再帰代名詞の先行詞が現れない。再帰代名詞と人称代名詞とは、相補分布(68頁を参照)しているのである。

✂ 再帰代名詞と意味役割

次例では再帰代名詞と先行詞の候補がいずれも単文の中に現れており、(35)の条件からするとその候補は実際の先行詞になることができるはずである。だが、(b)では実際の先行詞になることができない。

(40) a.　John looked at himself.
　　　b.　*John was looked at by himself.

(41) a. John told Mary about herself.
　　b. *John told Mary to herself.

ここでも前節の(23)で見た意味役割の序列が関係しているようだ。先行詞の意味役割(左側)と、再帰代名詞の意味役割(右側)を比較してみると、次のようになる。

(40') a.　行為者　＞　主題
　　 b. *主題　　＜　行為者
(41') a.　着点　　＞　主題
　　 b. *主題　　＜　着点

不適格な文(40'b)(41'b)では、先行詞の方が照応形よりも主題関係の序列(23)において低い。再帰代名詞の用法が適格であるためには、先行詞の方が再帰代名詞よりも主題関係の序列において上でなければならないのである。主題関係の序列は、受動文だけに関わっているのではなく、再帰代名詞の適格性にも関与しているのである。主題関係という意味的な概念が、受動化とか再帰代名詞の用法などといった統語的な現象にも関わりがあるわけである。

練習問題

1. 次の文の下線部が再帰代名詞、代名詞の先行詞になれるかどうか考えなさい。それぞれの文の樹形図を描き、下線部の名詞句が再帰代名詞、代名詞をc統御しているか答えなさい。
    (a) A friend of John's sister betrayed *him/himself*.
    (b) That John is guilty is obvious to *him/himself*.
    (c) John said that Bill drew a picture of *him/himself*.

2. 次の2文は形がよく似ているが、主文の主語Johnが再帰代名詞himselfの先行詞となることができるかという点では相違がある。(a)では可能であるが、(b)では不可能である。こうした相違を(38)の規則で説明するには、従属節の主語に関してどのように仮定すればよいだろうか。

   (a) John wants to wash *himself*.
   (b) Who does John want to wash *himself*?

本章の要点

　ことばの語の意味も、意味の基本単位(意味成分)に分解することができる場合がある。意味成分を組み合わせて語の意味が作られているのである。また文の中心となる動詞が決まると、一緒に現れる名詞句や前置詞句の意味役割が決まる。意味役割も、文全体の意味を決める上で重要な働きを果たしており、また動詞の意味成分に基づいて定義できる。

　ことばの意味は、頭の中で営まれている思考をことばという形式で表現したものである。したがって、意味を構成する基本的な意味成分や意味役割は、思考を行う際の基礎単位(概念範疇)と何らかの形で対応をしているものと考えられる。

　意味の中でも照応形の解釈などは、第2-3章で見た統語構造に基づく規則にしたがって解釈される。意味の解釈を行う際にも、脳の中で記号の計算操作が行われているのである。

第 7 章　文法研究と心の研究

✂ 規則性の意義

　これまでの章で、ことばにはいろいろな側面で規則性が成り立つことを見てきた。言語研究の領域をことばの単位の大きさに応じて、音韻論、形態論、統語論、さらに意味論という領域に分けて、それぞれの領域ごとにいろいろな規則性が内在していることを見てきた。こうした規則性をまとめて、それぞれの言語の「文法」と呼ぶ。本書では、英語の文法の一端を見てきたわけである。

　こうした文法の規則性の意義について、もう少し大きな文脈の中で考えてみよう。特に、第 1 章の(1)で見た生成文法理論の特徴的な考え方(下記(1)として再録)とどのように関わり、ことば以外の脳の働きにどのようなことを示唆するのか、という観点から考えてみることにしよう。

(1) A. 人間は誰もが、脳の中に、その人の母語の文法——脳の中の文法なので、脳内文法(mental grammar)と呼ぶことにしよう——を持っており、その脳内文法に基づいて、ことばを話したり理解したりしている。

　　B. ことばの営みは、音や語や句など、ことばの単位要素を脳内文法に則って結び付けたり操作を加えたりする——少し専門的な言い方をすると、記号を計算する(compute)——ことによって行われる。

　　C. 脳内文法のある部分は、それぞれの言語に特有であるが、ある部分は人間言語のすべてに共通している。

(1A)で述べられているように、話者の脳内に脳内文法という「文法」があり、それに基づいてことばが組み立てられているのであれば、発話として発せられた語句や文に規則性が潜んでいるとしても不思議ではない。前章までに見てきた、音の発音や組み合わせ方や、語句の組み合わせ方に見られる規則性は、脳内文法を何らかの形で反映しているはずである。文法規則は、脳内文法の規則や原理に関する仮説と見ることができる。

それぞれの言語で用いられる音や語といった単位要素は、一種の記号である。ことばは、そうした記号を、前章までで見てきたような文法に則りながら結合したり、移動したり、削除したりして、発話を作り出している。ことばは、(1B)で述べられているように、記号の操作、すなわち計算操作(computation)と見ることができる。文法の規則は、音や語などを「計算」する際の「決まり」と言えよう。

本書の中でも、文法の性質として、有限数の記号が組み合わされて無限の記号列が生成されるとか、記号に操作が加えられると別の形の記号に変換されるとか、その変換を行う際に「構造依存」のような原則が働いている、などということが明らかにされてきた。こうした文法の性質は、記号の計算操作の性質を反映している。

前章までに明らかにされてきた規則性の中には、Xバー原型や、島の制約、移動操作、構造依存の原則、形態論の「右側主要部の原則」などのように、どの言語にも当てはまると思われる普遍性の高い原理・原則がある。文法の規則や原則の中には、(1C)で述べられているように、ある特定の言語だけに当てはまるものと、人間言語全般に当てはまるものがあるものと考えられる。生成文法では、どの言語にも当てはまるような原理・原則を、普遍文法(Universal Grammar)として捉えようとしている。

このほかにも、各章末の「本章の要点」で、それぞれの章で明らかにされた規則性や内容が、特に(1)のA、B、Cとの関係で、どのような意義があるかについて述べてきた。それらの箇所も参照されたい。

✄ 認知科学としての文法研究

　(1A)の特徴を有する生成文法理論の大きな意義の1つは、文法の研究を、ただ単にことばの問題に留めることなく、それを通じて心／精神(mind)の仕組みを探ろうとしている点である。生成文法理論が誕生する以前の文法研究は、発話として現れた音や文をなるべく正確に記述するか、もう少し踏み込んだとしても、発話に内在する規則性を記述するだけであった。そこには、ことばが脳で営まれているという視点が欠けていた。生成文法理論では、ことばの研究を通じて人間の脳で行われる精神的活動――認知作用(cognition)という――を明らかにしようとしている。ことばは高度に複雑な認知作用であり、しかも豊富なデータを提供してくれる。それゆえ言語研究は、認知作用について考究する上で恰好の手がかりを提供してくれる。生成文法理論は、言語学の世界にチョムスキー革命(Chomskyan Revolution；「チョムスキー」は生成文法理論を提唱したNoam Chomskyのこと)を引き起こしたばかりではなく、学問の世界に認知革命(Cognitive Revolution)をもたらしたとも言われている。

　(1B)の「記号の計算操作」という考え方は、ことば以外の認知作用(例えば、知覚とか、思考、記憶、推論、空間認識など)にも当てはまるのだろうか。ことば以外の認知作用を行う際にも、基本単位を記号として「計算」を行っているのだろうか。人間の脳の仕組みを探ろうとする認知科学(cognitive science)にとって、きわめて興味深いテーマである。

　(1C)の普遍文法の考え方は、ことばの獲得、さらにそれ以外の認知能力の獲得を考える上でも興味深い。普遍文法はどの言語にも当てはまるのであるから、経験的に獲得されるのではなく、ヒトという種に生得的に備わっているものと考えられる。子供は、誕生してから4、5年という短期間のうちに、周囲で話されているどのような言語でも母語として獲得することができる。短期間での獲得を可能にするには、何らかの生得的な装置が備わっていると考えなければならない。知覚とか、記憶や、推論などの認知作用でも文化や人種などに関係なくすべての人間に共通している部分がある。こうし

た認知作用にも「普遍文法」が存在し、その「普遍文法」は生得的に備わっているのだろうか。人間の本性(nature)や人間の発達などに関わる本質的な興味深い問題である。

　このように、脳内文法を明らかにしようとしている生成文法は、認知科学に様々な問題を投げかけ、多くの示唆を提供している。ことばの文法の研究は、人間の脳や心の仕組みの解明する上で有力な手掛かりを提供し、認知科学の発展に大きく貢献している。

INDEX

A‒Z

C　30, 37
c 統御　136
D 構造　36, 40, 45, 47, 49
I　28, 37
S 構造　36, 45
VP 削除　60
V̄ 内第 1 要素の原則　83
WH 移動　50
X　25
X バー原型　26, 30, 36, 54
Yes-no 疑問文　55

い

異音　95, 96
異化　100
異形態　68, 95
意味成分　120, 124, 129
意味素性　120
意味役割　127
意味役割の序列　131
意味領域　123
意味論　4
咽頭　88
韻律外要素　108, 111, 114, 115

う

迂言的助動詞　55, 57

え

円唇　93, 96
円唇化　96

お

音　3, 95
音韻論　4
音節　105
音素　95

か

階層構造　31, 70
階層性　11, 26
概念範疇　123, 133
関係節　32

き

気管支　88
起点　128
機能的形態素　66
逆行同化　101
狭母音　93

く

句　3, 76
空間的位置　123
句構造規則　13
唇　88
屈折接辞　66

繰り上げ 45

け

軽音節 106
計算 2
計算操作 142
形態素 65
形態論 4
経路 128

こ

語 3
語彙的形態素 66
行為者 128
行為者名詞 82
口音 90
口蓋化 98
口蓋垂 88
口腔 88
硬口蓋 88
硬口蓋音 91
構成素 10, 11
後舌 88
後舌母音 93
構造依存の原則 42, 48
拘束形態素 66
拘束語根 67
喉頭 88
後母音 93
広母音 93
高母音 93
語幹 67
語基 67
語形変化 28
語根 67
痕跡 37

さ

再帰代名詞 134, 138
最小対立 96
最小対 96
最大頭子音の原則 105
最大投射 23, 25

し

θ 役割 127
使役 124
歯間音 91
歯茎音 91
歯茎硬口蓋音 91
歯擦音 101
時制 28
時制要素 28, 57
舌先 88
指定部 18, 19, 21, 53
島 51, 142
姉妹関係 53
重音節 106
自由形態素 66
樹形図 11
主語の島 52
主題 128
主題関係の序列 139
述部副詞 40, 41
受動文 130
主要部 14, 19, 21, 28, 77
照応形 134
状態 122
叙述 123
助動詞 27, 55
所有 123
シングル・バー 23
シングル・プライム 23

INDEX 147

進行同化 102, 103
唇歯音 91
新造語 66

せ

生成文法 1, 141
成分分析 120
声門 88
声門音 91
接近音 91
接辞 58, 66, 67
接頭辞 67
接尾辞 67
前舌 88
前舌母音 93
選択制限 121
前母音 93

そ

相助動詞 55, 60
相補分布 68, 96, 138
阻害音 90
存在文 45

た

第1姉妹の原則 83
代名詞 134, 137
ダブル・バー 23
単音 95
短母音 106

ち

着点 128
中央母音 93
中舌 88
中舌母音 93
中母音 93

調音点 89, 97, 98
調音法 89, 99
長母音 106
直線的配列 11
チョムスキー革命 143

て

低母音 93
出来事 122
転換名詞 82

と

同化 97
同格節 32
同義語 121
統語範疇 10, 11
統語論 4
頭子音 105
動詞句内主語仮説 19, 24, 29
投射 23, 25
動詞由来複合語 82
同定的 123
動名詞 82

な

軟口蓋 88

に

二重母音 106
認知科学 143
認知革命 143
認知作用 143

の

脳内文法 2, 141, 142

は

歯　88
歯茎　88
破擦音　90, 91
場所　128
派生　66, 69
派生接辞　66, 69
派生名詞　82
発声器官　87
破裂音　90
反義語　121
半狭母音　93
半母音　91

ひ

非円唇　93
鼻音　91
鼻腔　88
尾子音　105
否定文　56
標識付き括弧　12

ふ

付加疑問文　55
付加部　21, 53
付加部の島　52
複合語　76
副詞的従属節　32
複数形接尾辞　100
複文　32
普遍文法　142, 143
文　4
分析的　121
文副詞　29, 42
文法　141

へ

閉鎖音　90, 91
変化　124
変形操作　36
変形文法　37

ほ

法助動詞　28, 55
補部　15, 19, 21, 28, 53
補文　29
補文標識　30

ま

摩擦音　90, 91

み

右側主要部の原則　79, 142

む

矛盾　121
無声　101
無声音　90

め

名詞的従属節　32

ゆ

有声　101
有声音　90

よ

余剰的　121

り

流音　90, 91
両唇音　91

わ

話題化 52

【著者紹介】

中島 平三（なかじま へいぞう）

〈略歴〉1946年東京生まれ。1972年東京都立大学大学院人文科学研究科修士課程修了（文学修士）、1982年米国アリゾナ大学大学院言語学科博士課程修了（Ph.D.）。東京都立大学教授、学習院大学教授などを経て、現在東京都立大学名誉教授。その間、東京都立大学附属高等学校長、学習院初等科長、MIT客員研究員（フルブライト上級研究員）、ハーバード大学客員研究員、日本英語学会長などを歴任。

〈主な著書・編書・訳書〉『生成文法』（共著、1998、岩波書店）、『[最新] 英語構文事典』（編著、2001、大修館書店）、『言語の事典』（編著、2005、朝倉書店）、『スタンダード英文法』（2006、大修館書店）、『言語学の領域(I)』（編著、2009、朝倉書店）、『[入門] ことばの世界』（共編著、2010、ひつじ書房）、『ファンダメンタル英語学演習』（2011、ひつじ書房）、『斜めからの学校英文法』（2017、開拓社）、『「育てる」教育から「育つ」教育へ—学校英文法から考える』（2019、大修館書店）。

ファンダメンタル英語学　改訂版
Fundamentals of English Linguistics, Second Edition
Heizo Nakajima

発行	2011年 8 月 19 日　改訂版 1 刷
	2023年 3 月 28 日　改訂版 8 刷
	（1995年 9 月 20 日　初版 1 刷）
定価	1400 円+税
著者	© 中島平三
発行者	松本功
装丁者	大崎善治
印刷製本所	三美印刷株式会社
発行所	株式会社 ひつじ書房
	〒112-0011 東京都文京区千石 2-1-2　大和ビル 2F
	Tel.03-5319-4916　Fax.03-5319-4917
	郵便振替 00120-8-142852
	toiawase@hituzi.co.jp　https://www.hituzi.co.jp/

ISBN978-4-89476-575-7

造本には充分注意しておりますが、落丁・乱丁などがございましたら、小社かお買上げ書店にておとりかえいたします。ご意見、ご感想など、小社までお寄せ下されば幸いです。